Das breite, an der Schiffahrt interessierte Publikum anzusprechen, es durch detaillierte Darstellung und erläuternden Text sowie die zur Seefahrt gehörenden Fachausdrücke in das «größte Wunder der menschlichen Kräfte» einzuführen, beabsichtigten Christian Ferdinand Möller und Roeloff Roeloffs mit ihrem 1839 erschienenen Werk. Diese Bilder rufen den Zauber der romantischen Seefahrt in Erinnerung und lassen die große Zeit der Windjammer neu erstehen. Originalformat 29×21 cm.

Christian Ferdinand Möller

Auf großer Fahrt

Historische Schiffe, nach dem Bildwerk von 1839

Eingeleitet von Lars U. Scholl

Harenberg

Der Reproduktion der Tafeln liegt das vom Hamburger Staatsarchiv freundlicherweise zur Verfügung gestellte Exemplar zugrunde.

Die bibliophilen Taschenbücher Nr. 292

Gesamtherstellung: Druckerei Hitzegrad, Dortmund
Printed in Germany

Inhalt

CYCLUS

von

Schiffen aller seefahrenden Nationen.

Entworfen und lithographirt

von

Christian Ferdinand Möller,

Schiffsbaumeister und Marine-Maler.

MIT ERKLÄRENDEM TEXTE

und Erläuterung sämmtlicher darin vorkommenden zum Seewesen gehörenden technischen Benennungen

von

Roeloff Roeloffs.

HAMBURG.

HERAUSGEGEBEN IM LITHOGRAPHISCHEN INSTITUTE VON

CHARLES FUCHS.

1839.

GEDRUCKT BEI J. F. FABRICIUS.

Einleitung

Deutsche Seeschiffahrt zwischen 1815 und 1840

Im Jahr 1839 erschien im lithographischen Institut von Charles Fuchs in Hamburg ein *Cyclus von Schiffen aller seefahrenden Nationen*, der von dem Schiffbaumeister und Marinemaler Christian Ferdinand Möller entworfen und lithographiert und von Roeloff Roeloffs mit erklärendem Text und Erläuterung sämtlicher darin vorkommenden, zum Seewesen gehörenden technischen Benennungen versehen worden war. Die Absicht des Herausgebers war es, eine anschauliche Darstellung von der unterschiedlichen Bauart und Zweckbestimmung der verschiedenen Schiffstypen zu bieten, die einem großen Leserkreis verläßliche Information an die Hand geben sollte.

«Die Schiffahrt», so schrieb Fuchs in seinem Vorwort, «ist unstreitig das größte Wunder der menschlichen Kräfte. Auf einem Schiffe, einem zerbrechlichen, mit schwankenden Brettern überkleideten Gebäude, überläßt der Seemann sich zum Preise des menschlichen Wissens, vertrauensvoll den gewaltigen Elementen, zittert nicht, wenn sein Fahrzeug wie ein stolzer Aar über unermeßliche Abgründe fliegt. Grause Wellen, die in dem einen Augenblick Türme, in einem andern fürchterliche Tiefen bilden, sind seine Straße, rasende, alles verheerende Stürme seine ihm dienenden Rosse, die himmlischen Lichter und eine Nadel sein Wegweiser; so umfährt er die Erde und bringt die Schätze ferner Zonen ins Vaterland zurück.» Fuchs konnte davon ausgehen, für sein Büchlein in Deutschland eine interessierte Leserschaft zu finden, weil sich die deutsche Seeschiffahrt nach dem Ende der Napoleonischen Kontinentalsperre verstärkt am Überseehandel beteiligen konnte.

Eingeleitet wurde die Expansion des transozeanischen Handels gegen Ende des 18. Jahrhunderts, als sich die europäischen Staaten zunehmend vom Merkantilismus abwandten und eine fortschreitende Liberalisierung des Handels einleiteten. Schrittweise wurden Beschränkungen und Navigationsgesetze aufgehoben. Eine Fessel besonderer Art für die deutsche Seeschiffahrt war die englische Navigationsakte von 1651. Obwohl sie sich eigentlich gegen die Niederländer richtete, behinderte sie die deutsche Schiffahrt erheblich. Preußischen Schiffen war untersagt, Ladung in hanseatischen Häfen für England aufzunehmen, und hanseatische Schiffe durften keine Frachten von preußischen Häfen nach England transportieren. Die deutsche Seeschiffahrt mußte sich auf den Verkehr mit Ländern des europäischen Kontinents beschränken, während der Überseehandel sich nur auf Länder außerhalb des britischen Kolonialbesitzes erstrecken konnte.

Ansätze für eine Änderung zeigten sich nach der Unabhängigkeitserklärung der nordamerikanischen Kolonien von der englischen Krone. Die Hansestädte Bremen und Hamburg nahmen bereits 1783 erste Handelsbeziehungen mit den Vereinigten Staaten von Nordamerika auf, die 1827 mit Abschluß eines Handelsvertrages ausgebaut wurden. Die lateinamerikanischen Häfen wurden deutschen Schiffen durch die Unabhängigkeit der spanischen und portugiesischen Kolonien nach der Jahrhundertwende geöffnet. Die Hansestädte knüpften sogleich regelmäßige Handelsbeziehungen an. Handelsverträge mit Brasilien 1827 (im gleichen Jahr schloß auch Preußen einen Vertrag), mit Mexiko 1832, mit Venezuela 1842 und mit Ekuador im gleichen Jahr waren die Folge. In Europa gelang Preußen (1824) und den Hansestädten (1825) in Handelsverträgen mit England die Gleichstellung ihrer Schiffe mit denen unter britischer Flagge und der Zugang zu den britischen Kolonien. 1839 gestatteten die Engländer fremden Schiffen den Handel mit Ostindien, 1841 erlaubte ein Vertrag mit dem Zollverein preußischen Schiffen, Waren aus den Häfen zwischen Rotterdam und Hamburg in England anzulanden, und nach der Aufhebung der Navigationsakte wurde 1854 auch der englische Küstenhandel Schiffen unter fremder Flagge möglich.

Dieser Öffnung nach außen auf die Weltmeere, die mit großen Handels- oder Kauffahrteischiffen betrieben wurde, stand eine rege Kleinschiffahrt an der Küste gegenüber, deren Fahrzeugvielfalt von den unterschiedlichen Bedingungen auf der Nord- und Ostsee geprägt waren. An der Nordseeküste machten Wattenmeer und wechselnde Gezeiten flachgehende Segler erforderlich. Dagegen herrschten auf der Ostsee mit ihren günstigeren Wasserverhältnissen auf Kiel gebaute Schiffe vor.

Vor diesem Hintergrund war die Überlegung von Fuchs, eine Übersicht über viele an der deutschen Küste bekannte, aber auch viele exotische Schiffe aus fremden Ländern zu geben, eine von Geschäftssinn zeugende, richtige Kalkulation. Über die Höhe der Auflage und über die Verbreitung des Buches ist allerdings nichts bekannt.

Biographisches

Der Lithograph Charles (Carl Friedrich) Fuchs (1803–1874) stammte aus Prag. 1809 zog er mit seinen Eltern nach Hamburg. Den Steindruck (Lithographie) erlernte er in Straßburg. 1832 kehrte er nach Hamburg zurück, wurde Bürger der Stadt und gründete eine schnell aufblühende Steindruckerei, die bald die bedeutendste der Hansestadt war. Der Steindruck, die älteste Form des Flachdrucks, war eine Erfindung des in Prag geborenen Johann Nepomuk Franz Alois Senefelder (1771–1834), der 1796/97 das neue Druckverfahren in München vorstellte. Während beim Hochdruck die hochstehenden Flächen die Druckfarben tragen (so beim Holzschnitt) und beim Tiefdruck die Vertiefungen die Druckfarbe aufnehmen (beim Kupferstich), ist beim Flachdruck die Druckplatte völlig eben. Bei der Lithographie wird eine Kalkschieferplatte mit fetthaltiger Kreide oder mit Tusche an den Stellen bearbeitet, die Druckfarbe aufnehmen und auf den Druckbogen abgeben sollen.

Fuchs kehrte wenige Jahre, nachdem ein Privileg des Hamburgischen Senats abgelaufen war, von Straßburg an die Elbe zurück. 1817 hatten Johann Michael Speckter und Heinrich Joachim Herterich ein auf zehn Jahre ausgestelltes Monopol erhalten, das bestimmte, daß sich keine andere Steindruckerei in Hamburg niederlassen durfte. Nach 1828 kam es zur Gründung zahlreicher Konkurrenzbetriebe, deren wichtigster nach der Lithographischen Anstalt von Fuchs die der Gebrüder Suhr war.

Die Druckerzeugnisse von Fuchs bestanden aus Bildnissen, Hamburgensien, Gelegenheitsblättern und gelegentlichen Wiedergaben von Gemälden. Für diese Arbeiten engagierte er häufig Künstler, die in seinem Auftrag die Lithographien schufen. So verhielt es sich auch mit seinem Zyklus von Schiffen aller seefahrenden Nationen. Er gewann zwei Fachleute für sein Vorhaben, die einen reizvollen Band zusammenstellten.

Über die Biographie von Christian Ferdinand Möller und Roeloff Roeloffs liegen keine Kenntnisse vor. Roeloffs erweist sich aufgrund seiner Erläuterung als Experte des Schiffbaus und der Schiffahrt. Möller ist wohl, wie auch Julius Prömmel, der um 1850 für Speckter und Co. in Hamburg arbeitete und unter anderem Lithographien vom Gefecht in der Eckernförder Bucht schuf, in erster Linie Schiffbaumeister gewesen, also ein Praktiker, der auch zeichnen konnte. Mit der rund 40 Jahre alten graphischen Technik der Lithographie gab es ein Verfahren, das dem Fachmann für genaues technisches Zeichnen am weitesten entgegenkam und dem Praktiker mit künstlerischen Ambitionen ein Betätigungsfeld eröffnete. Der Steindruck erlaubte die unmittelbare Umsetzung der Handzeichnung mit Feder, Pinsel oder Stift in ein druckgraphisches Verfahren. Möller konnte also direkt auf die Steinplatte zeichnen und mußte lediglich die Seitenverkehrtheit gegenüber dem Abdruck beachten. Die künstlerischen Fähigkeiten Möllers, der sich selbst als Marinemaler bezeichnet, gingen noch weiter. Er kolorierte, d. h. er malte seine Steindrucke farbig aus, was die Arbeiten für viele noch ansprechender machte.

Vorbilder für den Zyklus gab es in verschiedenen europäischen Ländern. 1789 veröffentlichte G. Groenewegen in Rotterdam eine *Verzameling van vierentachtig stuks Hollandsche schepen*, die sich mit kleinen seegehenden Schiffstypen und Fischereifahrzeugen beschäftigte. P. le Comte gab 1831 in Amsterdam *Vijftig afbeeldingen van schepen en vaartingen* heraus. Ohne Erscheinungsjahr, aber vor der Veröffentlichung des Zyklus von Fuchs war in Frankreich eine *Collection de toutes les espéces de batimens de guerre et de batimens marchands, qui navigent sur l'ocean et dans la méditerranée*, von Baugean erschienen. Von der Anlage her läßt sich vermuten, daß dem Herausgeber, dem Künstler und dem Kommentator diese holländischen und französischen Werke, denen allerdings keine ausführliche Beschreibung beigegeben war, bekannt waren und als Anregung gedient haben.

Aufbau

Der Zyklus von Schiffen aller seefahrenden Nationen gliedert sich in zwei Teile. Auf 112 Seiten und sechs Tafeln werden die Erläuterungen von Roeloffs geboten, denen 50 Tafeln von Möller mit kolorierten Lithographien folgen. Im vorliegenden Teilnachdruck ist auf den Text und die Tafeln von Roeloffs verzichtet worden. Sie bildeten jedoch die Grundlage der Bildlegenden und des Glossars. Dagegen sind alle Tafeln von Möller abgedruckt worden.

Roeloffs Text umfaßt sechs Hefte. Im ersten Heft werden die Schiffe nach ihren Hauptbestimmungen in Kriegs- und Handelsschiffe unterteilt. Die Kriegs- oder Orlogsschiffe werden nach ihrer Mastenzahl in Linienschiffe, Fregatten, Korvetten usw. als Dreimaster, in Briggs, Schoner usw. als Zweimaster und in

Kutter, Sloops usw. als einmastige Fahrzeuge unterschieden. Die Linienschiffe und Fregatten haben ihre Unterabteilungen und Nebenbenennungen nach der Zahl ihrer Decks und Batterien. Außer diesen Schiffen, die zu jeder Marine gehören, gibt es einige Schiffe wie Kanonenboote, Lugger, Galeeren, Schebecken, Pinken oder Felucken sowie seit einiger Zeit bewaffnete Dampfschiffe, die nur bei einzelnen Nationen in Gebrauch sind. Wegen ihrer Inneneinrichtung zählen Bombardierschiffe, Brander, Hospital- und Transportschiffe zu den Nebengattungen.

Die Verknüpfung zwischen den Kriegs- und den Handelsschiffen sind die Ostindienfahrer, die – obwohl Lastschiffe – auch bewaffnet werden können, so daß sie sich ohne Konvoi gegen feindliche Angriffe verteidigen können. Die Zahl ihrer Kanonen entspricht oft der von Fregatten. Die Handelsschiffe gliedern sich nach ihrer Mastzahl, ihrer Art der Takelage und Seeführung in Fregatt- und Barkschiffe, Fleuten, Polacker usw. als Dreimaster, in Briggs, Brigantinen, Schoner, Galeassen usw. als Zweimaster und in Kutter, Jachten, Sluppen usw. als einmastige Fahrzeuge. Diese Aufzählung der Schiffstypen entspricht allerdings nicht mehr der Realität um 1840. Fleuten wurden nach 1780 nicht mehr gebaut, und das auf Tafel 42 als Fleute bezeichnete Schiff würde man nach heutigem Verständnis Galiot nennen. Man darf wohl davon ausgehen, daß Möller/Roeloffs keine genaue Vorstellung mehr von einer Fleute besaßen.

Die von Möller/Roeloffs angesprochenen Grönlandfahrer wurden nach ihrer Fahrtroute benannt. Es handelte sich in der Regel um rahgetakelte Schiffe. Einen Schiffstyp Grönlandfahrer gab es nicht. Nach dieser generellen Unterteilung erfolgt eine detaillierte Erläuterung der gesamten Takelage mit einer Zusammenstellung der Fachausdrücke, die, mit entsprechenden Nummern versehen, auf Konstruktionszeichnungen eingeordnet werden. Heft eins endet mit der Beschreibung der ersten acht Blätter von Möller. Die technischen Zeichnungen von Roeloffs sind im Fußmaßstab gezeichnet. Eine Angabe, um welches Fußmaß es sich handelt, fehlt. Die Darstellungen haben also einen mehr allgemeinen Charakter.

Heft zwei hat das gesamte Tauwerk eines Schiffes, d. h. sämtliche Taue, Trossen und Leinen, die zur Schiffstakelage gehören, zum Thema. Die Takelage besteht aus zwei Hauptteilen: aus stehendem und laufendem Gut. Zunächst erläutert Roeloffs das stehende Gut. Es folgt eine Tabelle der Fachausdrücke, die der Leser anhand der Nummer an einer Konstruktionszeichnung überprüfen kann. Bevor Roeloffs mit der Beschreibung der Tafeln von Möller fortfährt, beginnt er mit der Darstellung der allgemeinen Einrichtung eines Kriegsschiffes und des Lebens an Bord, die abschnittsweise in den weiteren Heften (drei bis fünf) fortgesetzt wird. Immer wird die verwendete Terminologie zusammengefaßt und noch einmal auf die ersten sechs, hier nicht wiedergegebenen Tafeln verwiesen. Für diese Beschreibung wählt Roeloffs eine Fregatte mit Schanze und Back.

Das dritte Heft beginnt mit dem zweiten Teil der Takelage, mit dem laufenden Gut. Dann wird die Beschreibung der Fregatte mit ihrer Besatzung fortgesetzt und die Erklärung der Abbildungen wieder aufgenommen. Heft vier beschäftigt sich mit den verschiedenen Formen der Segel und ihrer Bedienung. Im fünften Heft wendet er sich nach der Bemastung und der Takelage dem Schiffskörper zu. Die Schiffbaukunst umfaßt auf der einen Seite die Schiffszimmerkunst, also den praktischen Bau des Schiffes sowie die Zusammensetzung und Verbindung aller Hölzer, und auf der anderen Seite die eigentliche Schiffbaukunst, also die Kunst, Baupläne von Schiffen zu entwerfen und Risse zu zeichnen, nach denen der Zimmermann arbeiten kann. Mit der Beschreibung der verschiedenen Unteroffiziersgrade, den Mannschaftsgraden sowie anderem Personal endet Roeloffs seinen Überblick über ein Fregattschiff. Neben der weiteren Erläuterung der Tafeln von Möller beschließen eine Erklärung der im Text vorkommenden technischen Begriffe sowie in Heft sechs eine kurze Darstellung der verschiedenen Arten, Schiffe von ihrem Bauplatz ins Wasser zu lassen, die Anmerkungen von Roeloffs.

Die fünfzig Tafeln, die Möller für dieses Werk eigens anfertigte, sind im vorliegenden Buch vollzählig und in Farbe wiedergegeben. Dem Nachdruck ist der Originalband des Hamburger Staatsarchivs zugrunde gelegt. Bis auf das britische Dampfschiff Condor (Nr. 26) und das amerikanische Dampfschiff vom Mississippi (Nr. 35) handelt es sich fast ausschließlich um besegelte Schiffe. Die Typenbezeichnungen sind auf dänisch, holländisch, schwedisch, französisch, deutsch und englisch angegeben. Da man annehmen muß, daß Möller nicht alle Schiffstypen aus eigener Anschauung kannte, ist davon auszugehen, daß er die schon erwähnten holländischen und französischen Schiffstypenkunden, vielleicht auch andere Bücher als Anregung benutzt hat. Von einem Fachmann geschaffen, haben seine Lithographien, die in der Schifffahrtsliteratur immer wieder herangezogen worden sind, jedoch historischen Dokumentarwert.

Rechts: Eine Textseite aus der Originalausgabe von 1839.

Cyclus von Schiffen aller seefahrenden Nationen.

Zweites Heft.

Das gesammte Tauwerk eines Schiffes, d. h. die sämmtlichen Taue, Trossen und Lienen, welche zur Schiffs-Takelage gehören, zerfällt in zwei Haupttheile: in stehendes und laufendes Gut.

A. Stehendes Gut.

Darunter versteht man alles dasjenige Tauwerk, dessen beide Enden fest sind und ihre Stelle unveränderlich behalten, und durch welche die Masten, Stengen u. s. w. eigentlich befestigt werden, als: die Wanten, Puttingtaue, Pardunen, Stage u. s. w.

Wanten sind diejenigen aus Wanttrossen gemachten Taue, welche an der Steuerbord- und Backbordseite eines jeden Untermasts und jeder Stenge angebracht sind, und dazu dienen, die Schwankungen der Masten und Stengen nach der Seite und nach hinten zu verhindern.

Die Zahl der Wanttaue eines jeden einzelnen Wantes ist relativ, und richtet sich nach der Grösse des Schiffes. Auf grossen Kriegsschiffen hat der grosse Mast an jeder Seite 9, der Fockmast 8, der Besahnmast und auch die grosse Stenge jeder 6, die Vorstenge 5, die Kreuzstenge 4, die grosse und Vor-Bramstenge jede 3, und die Kreuzbramstenge 2 Wanttaue. Auf Kauffahrtheischiffen hingegen hat der grosse Mast nur 5 bis 6, und die andern im Verhältniss noch weniger.

Jedes Paar dieser Wanttaue wird ein Spann genannt, und besteht aus einem einzigen Taue, welches in der Mitte gebogen, und an dieser Biegung mit Bindseln so zusammen gebunden wird, dass es an dieser Stelle ein Auge bildet, welches Auge alsdann um den Topp des Masts oder der Stenge gelegt wird, so dass beide Enden des Spanns an einer und derselben Seite des Masts hinunterfahren. Ist die Zahl der Wanttaue aber ungerade, so heisst dieses einzelne ungerade Haupttau, ein Knoopspann oder Knopfspann. Die Mitte desselben wird nämlich mit einem Knopf dergestalt um den Topp des Masts oder der Stenge gelegt, dass das eine Ende desselben an der Steuerbord- und das andere an der Backbordseite hinunterfährt.

Zur Befestigung der untern Enden der Wanttaue, und zwar zuvörderst der grossen, Fock- und Besahnwant, dienen dicke, platt und wasserpas an den äussern Seiten des Schiffs hervorragende Planken, Rüsten genannt. Sie liegen in der Höhe des Raaholzes, sowohl an der Steuerbord- als Backbordseite des Schiffs, etwas hinter jedem Mast, und dienen zunächst, die Jungfern der Wanten zu tragen, damit selbige den Schandeckel und die Regelingen nicht beschädigen; dann aber auch, damit der Winkel den die Wanten gegen einander bilden, etwas abgestumpft werde, um die Masten besser zu unterstützen.

Unterhalb der Rüsten sind die Puttingen angebracht. Dieses sind lange starke Kettenglieder, von denen das unterste platt ist, an beiden Enden ein Loch hat und mit zwei starken Kopfbolzen, welche durch die Inhölzer des Schiffs gehen, gegen die Berghölzer befestigt wird. Das oberste Glied ist in den Rüsten eingelassen, und umfasst eben oberhalb derselben einen runden abgeplatteten Block, der seinen grössten Durchmesser in der Breite hat, und eine Jungfer (Jüffer) genannt wird. Durch diesen Block sind in der Gestalt eines Dreiecks drei Löcher gebohrt, durch welche die Taljereeps, d. h. dünne Taue, dergestalt geschoren werden, dass selbiger mit einer zweiten dieser ganz ähnlichen Jungfer, um welche das untere Ende des Wanttaues fasst, verbunden wird. Damit sowohl das Wanttau, als auch die Putting, gehörig fest um die Jungfern gelegt werden können, so wird um die grösste Ründung derselben eine Keep (Kerbe) gemacht. Jedoch sind diejenigen Jungfern, um welche die Wanttaue liegen, nicht rund umher gekeept, sondern oben,

So hat z. B. Hans Szymanski in seinen Werken über *Die Segelschiffe der deutschen Kleinschiffahrt*, Lübeck 1929 (Nachdruck Hamburg 1977) und *Deutsche Segelschiffe*, Berlin 1934 (Nachdruck: Hamburg 1972) verschiedentlich auf Möller/Roeloffs Bezug genommen. Dem Leser, der weitere Informationen zu deutschen Segelschiffen sucht, seien diese bis heute unübertroffenen Bände empfohlen, obwohl im Detail neue Erkenntnisse dazugekommen sind.

Marinemalerei

Möller, der sich selbst als Marinemaler bezeichnet, ist, soweit bekannt, nicht weiter als Maler in Erscheinung getreten. Die «Marinemalerei» ist um 1840 in Deutschland relativ jung und taucht verstärkt erst um 1870 auf. Möller ist also einer der frühen Vertreter dieser Gattung in Deutschland, deren Ursprünge in anderen westeuropäischen seefahrenden Ländern liegen. Die Marinemalerei ist eine Disziplin der Landschaftsmalerei. Unter diesem Oberbegriff sind verschiedene thematisch orientierte Bereiche gefaßt:

- Seascape-Malerei im Gegensatz zur Landscape-(Landschafts-)Malerei,
- technische Marinemalerei,
- politische Marinemalerei.

Als Sonderkategorie sind die Schiffsporträts, auch Kapitänsbilder genannt, anzusehen. Dargestellt werden Wasser, Ufer, Wellen, Menschen und Schiffe, wobei die künstlerische Ausgestaltung das Thema erkennen läßt, das sich der Maler gestellt hat. Von daher sind die Tafeln von Möller der technischen Marinemalerei zuzuordnen, die im wesentlichen zum Zweck der Illustration von Büchern und Mappenwerke gemacht worden ist, die über die Geschichte und Aktuelles der Kriegs- und Handelsmarine Auskunft geben sollten. Die Bilder müssen einerseits eine genaue Wiedergabe des Schiffes bringen, andererseits sind sie ein Stück Malerei mit künstlerischem Anspruch. In der Zeit vor dem Aufkommen der Fotografie waren Ölbilder, Aquarelle oder Zeichnungen die verbreitesten bildlichen Darstellungen von Schiffen, die nur wenige Kenner der Seefahrt anfertigen konnten, wenn eine exakte Wiedergabe technischer Einzelheiten verlangt war. Detaillierte Auskunft über die Marinemalerei gibt ein Buch von Boye Meyer-Friese, *Marinemalerei in Deutschland im 19. Jahrhundert*, Oldenburg 1981, das in der Schriftenreihe des Deutschen Schiffahrtsmuseums erschienen ist.

Möllers Tafeln sind Kunstwerke mit dem Anspruch technischer Genauigkeit, die dem Schiffahrtshistoriker bei kritischer Benutzung manche Hinweise geben können. Werke, wie sie von Möller/Roeloffs verfaßt worden sind, dürfen aber nicht mit der Anleitung für Schiffbaumeister verwechselt werden wie sie z. B. Joseph Furttenbach, *Architectura Navalis*, Ulm 1629 (Nachdruck: Hamburg 1956), oder F. H. Chapmann mit seiner berühmten *Architectura Navalis Mercatoria*, Stockholm 1768, vorgelegt haben. Die Absicht des Herausgebers und der Autoren war es hier, ein breites, an der Schiffahrt interessiertes Publikum anzusprechen.

Dem gleichen Wunsch liegt der verkürzte Nachdruck rund 140 Jahre später zugrunde.

Über den Autor

Dr. Lars U. Scholl, Jahrgang 1947, studierte in Göttingen, Hannover und Oxford. Derzeit ist er Wissenschaftlicher Mitarbeiter des Deutschen Schiffahrtsmuseums in Bremerhaven.

Historische Schiffe

Tafel 1

Russisches Linienschiff «ersten Ranges» mit 120 Kanonen

Linienschiffe nannte man größere Kriegsschiffe, die «in der Linie» hintereinander eingesetzt wurden, so daß sie ihre Breitseite mit der Bewaffnung dem Feind darboten. Dabei achtete man darauf, daß sie «bei dem Winde» lagen, also manövrierfähig blieben und zu diesem Zweck einen Abstand einer Kabellänge (185 m) hielten.

Mit «erster Größe» bezeichnete man Linienschiffe bei einer Bewaffnung von 90 bis 120 Kanonen; «zweiter Größe» waren sie bei 70 bis 90 Kanonen, «dritter Größe» (oder «dritten Ranges») bei 50 bis 70 Kanonen.

Das abgebildete Linienschiff trägt die Kanonen auf drei Decks, Back (Hinterschiff) und Schanze (Vorderschiff). Die Takelage gleicht der einer Fregatte, die Masten sind jedoch weniger hoch, und der Rumpf ist nicht so «scharf» gebaut, denn ein Linienschiff muß eine große Steifheit besitzen.

Linienschiffe trugen in der Entstehungszeit dieses Bildes, also um 1840, 36- bis 12pfündige Kanonen und Karonaden, oft einige mehr, als es ihre Bezeichnung, ihr «Register», aussagte.

Tafel 2

Schwedische Fregatte «zweiten Ranges« mit 36 Kanonen

Fregatten waren Vollschiffe, Segelschiffe unterschiedlicher Größe mit drei oder mehr rahgetakelten Masten, die im Seekrieg verschiedene Aufgaben wahrnahmen. Sie waren leichter als die Linienschiffe und wurden vorwiegend als Konvoi- und Kaperschiffe eingesetzt.

In der Schlacht hatten Fregatten als «Repetiteurs» sich außerhalb der Schlachtlinie zu postieren und die Befehle des Oberkommandierenden zu wiederholen, damit alle Schiffe, die «in der Linie» lagen, sie wahrnehmen konnten. Schwere Fregatten mit 36 bis 50 Kanonen hatten beschädigte Linienschiffe aus dem Feuer zu ziehen und im Notfall deren Platz einzunehmen. Leichte Fregatten (Korvetten), übernahmen Melde- und Kundschafterdienste. «Doppelte Fregatten» mit 60 Kanonen auf zwei Decks wurden auch an Stelle von Linienschiffen eingesetzt.

Fregatten sollten schnelle Segler sein und wurden deshalb mit schnittigen Linien und großer Takelage gebaut. Oft wurden sie Flotten von Handelsschiffen als Schutz mitgegeben.

Tafel 3

Englischer Ostindienfahrer

Die großen Handelsschiffe der Ostindischen Compagnie entsprachen in ihrem Äußeren den bei der Marine gebräuchlichen Fregatten. Doch waren sie nicht so «scharf» gebaut wie diese, hatten also mehr Frachtraum und waren von geringerer Geschwindigkeit vor dem Wind.

Ihre Bewaffnung war schwächer, die Besatzung geringer. In den Decks logierte nicht nur die Mannschaft, der größte Teil des Raumes war für die Fracht reserviert.

Solch ein Ostindienfahrer – «Kauffahrtheischiffe» nannten sie die Zeitgenossen – hatte in Friedenszeiten 150 Mann Besatzung und 10 bis 20 Kanonen, im Krieg verdoppelten sich beide Zahlen. Den schweren Handelsschiffen wurden oft zusätzliche Geschützluken aufgemalt.

Das Bild zeigt einen Ostindienfahrer in der Sundastraße. Vorn ein Boomboot (in der Landessprache Karakore genannt), das dem ankernden Schiff Lebensmittel und Wasser bringt.

Tafel 4
Brigantine

Möller und Roeloffs stellen hier als Brigantine eine Art der Brigg vor, die sich von der gewöhnlichen Brigg durch ihre Masten unterschied. Die beiden unteren Teile eines jeden Mastes, also Untermast und Marsstenge, bestanden aus einem Stück. Dadurch konnten die Wanten einfacher gehalten werden, und es war möglich, die Segel dichter an den Wind anzubrassen.

Solch eine Brigantine war ein kleineres schnelles Segelschiff.

Andere Schiffahrtshistoriker nennen für die Brigantine abweichende Kennzeichen: Einen aus Untermast und Marsrah bestehenden Großmast, fehlende Großsegel, also am hinteren Mast (Großmast) neben einem Schratsegel nur Mars- und Bramsegel. Diese unterschiedlichen Anschauungen erklären sich dadurch, daß die ersten Brigantinen schon im 17. Jahrhundert als kleine Depeschenträger in die Flotten eingereiht wurden und der Schiffstyp sich über anderthalb Jahrhunderte wandelte.

Tafel 5

Schoner

So wurden Segelschiffe bezeichnet, die mindestens zwei Masten hatten, von denen der achtere nicht kürzer war als der vordere. Sie führten Gaffelsegel. Hochseetüchtige Schoner (engl. «Schooner») wurden mit bis zu sieben Masten gebaut.

Das Bild zeigt ein sehr scharf gebautes, also schnelles Schiff mit schräg stehenden Masten, wie sie als «Fruchtjäger» eingesetzt wurden, um leicht verderbliche Südfrüchte speziell aus dem Mittelmeerraum schnell an ihren Bestimmungsort zu bringen.

Vor dem Fockmast stehen drei Vorsegel, am gleichen Mast ein zusätzliches Rahsegel (Breitfock), wie es vor oder bei rauhem Wind gesetzt wurde – eine Segelfläche, die eine schnelle Reise ermöglichte.

Tafel 6

Bremer Bark und holländische Galiot

Eine Bark war ein Segelschiff mit drei bis fünf Masten, von denen alle bis auf den letzten rahgetakelt waren, der letzte Mast aber nur ein Besansegel trug. Die abgebildete Bark ist kleiner als eine Fregatte. Roeloffs meint, sie sei so getakelt, weil der Schiffskörper für einen auch Rahsegel führenden dritten Mast zu klein sei.

Die dreimastige Bark war das wichtigste Handelsschiff des 19. Jahrhunderts. Ihr Name ist von den «Barken» abgeleitet, dem Namen für die an Küsten, in Häfen und auf Binnengewässern verbreiteten Kähne und Leichter.

Galiot nannte man zweimastige rundbäuchige Küstensegler mit Gaffel-, Rahtopp- und Vorsegeln.

Tafel 7

Lübecker Brigg

Eine Brigg hatte zwei Masten, von denen der hintere (Großmast) der höchste war. Beide waren rahgetakelt. Der Großmast trug dazu ein Besansegel.

Bei der hier gezeigten Brigg ist auf der hinteren Seite des Großmastes ein weiterer kleiner Mast (Schnaumast) zu sehen, der ein Gaffelsegel trägt, in diesem Fall Brigg- oder Baumsegel genannt.

Auch der Fockmast konnte an einem Schnaumast solch ein Gaffelsegel führen, das dann Vorgaffelsegel genannt wurde. Die Brigg wurde als Handelsschiff auch auf Fahrten zu fremden Erdteilen eingesetzt.

76

Tafel 8

Hamburger Handels-Fregatte

Ein dreimastiges Fregattschiff mit Namen Amandus & Carolina (vgl. Tafeln 2 und 3). Fregatten waren die größten Handelsschiffe, gebaut und getakelt wie Kriegsschiffe, aber mit – wenn überhaupt – geringerer Bewaffnung. – Handelsfregatten waren weniger scharf gebaut als Kriegsschiffe, hatten nicht so hohe Masten und einen geringeren Tiefgang. Besonders stark waren die zum Walfang gebauten Fregatten. Sie besaßen unter der Wasserlinie eine doppelte Verkleidung, damit sie auch Eisgang widerstehen konnten.

Tafel 9

Schwedisches Linienschiff «zweiten Ranges» mit 84 Kanonen

Ein Linienschiff mittlerer Größe (vgl. Tafel 1). Es hat zwei durchlaufende Kanonendecks sowie weitere Geschütze auf der Back (Hinterschiff) und der Schanze (Vorderschiff).

Linienschiffe dieser Art führten auf dem unteren Kanonendeck 32 Geschütze (32pfünder) und auf dem oberen noch einmal 32 Geschütze (18pfünder), auf der Back acht 32pfündige großkalibrige Karonaden und auf der Schanze 14 Stücke, 12pfündige Kanonen oder 24pfündige Karonaden.

Die Besatzung bestand aus etwa 800 Mann, Offizieren, Matrosen und Seesoldaten. Matrosen und Seesoldaten schliefen in Hängematten in den Kanonendecks. Die Hängematten wurden über Tag hochgenommen, in der Schlacht aus den Decks entfernt und als eine Art Schutzwall in den Finknetzen untergebracht. In einer Flotte, also bei Kampfverbänden mit mehr als 18 Schiffen, bildeten die Linienschiffe die «Avant-Garde», in einem Geschwader (so nannte man einen Verband von 10 bis 18 Kriegsschiffen) das Zentrum.

Tafel 10

Französische Fregatte «ersten Ranges» mit 60 Kanonen

Fregatten dieses Typs (vgl. Tafel 2) gab es, als das Bild entstand, erst seit 20 Jahren. Roeloffs bezeichnet das abgebildete Schiff als eine schwere Fregatte, die geeignet sei, die Stelle von Linienschiffen einzunehmen. Demnach hätte er sie als «Doppelfregatte» vorstellen müssen. – Die Besatzung eines solches Schiffes betrug etwa 550 Mann, einschließlich der Seesoldaten. Die Bewaffnung war auf zwei durchgehende Kanonendecks verteilt.

Tafel 11

Russische Korvette mit 20 Kanonen

Eine leichte Form der Fregatte (vgl. Tafel 2), scharf gebaut mit geringem Tiefgang. Sie eignete sich für Sonderaufgaben, bei denen es auf Schnelligkeit und Beweglichkeit ankam.

Korvetten mit leichterer Bewaffnung trugen 18 bis 24 18pfündige Kanonen oder Karonaden auf einem durchgehenden Kanonendeck, wie es das abgebildete Schiff zeigt. Bei schwererer Bewaffnung mit mehr als 24 Kanonen hat auch eine Korvette Schanze und Back über dem Kanonendeck. Man rechnete mit einer Besatzung von 100 bis 130 Mann, die Seesoldaten eingeschlossen.

Zur normalen Takelage hat die hier abgebildete Korvette neben den Rahsegeln Leesegel (Schönwettersegel) gesetzt.

Tafel 12

Holländische Kriegsbrigg mit 16 Kanonen

Von den für die Handelsschiffahrt gebauten Briggs (vgl. Tafel 7) unterscheiden sich die Kriegsbriggs durch die schärferen Linien und die größere Stabilität. Auf einem Kanonendeck trugen sie bis zu 20 nicht mehr als 18pfündige Kanonen oder Karonaden.

Ihre Besatzung betrug 80 bis 110 Mann – Offiziere, Matrosen und Seesoldaten.

Briggs hatten in der Flotte ähnliche Aufgaben wie die leichten Fregatten (auch Korvetten), den Melde- und Kurierdienst.

Tafel 13

Amerikanische Schonerbrigg, auch Hermaphroditschoner oder Mufferdeischoner genannt

Ein Mittelding zwischen Brigg und Schoner (Tafeln 5 und 7) mit zwei Masten. Der vordere, der Fockmast, und die gesamte Vordertakelage entsprachen einer Brigg. Der Großmast trug ein Gaffelsegel, wie es bei einem Schoner üblich war.

Roeloffs meint, diese Art der Takelung sei in erster Linie eine Frage des Geschmacks und der Mode. Allerdings sei das Manövrieren einfacher und erfordere nicht so viele Leute wie bei einer Brigg, dafür könne man nicht so dicht am Wind segeln.

Tafel 14
Englischer Kriegskutter

Kutter waren kleine, aber stark gebaute, einmastige Segelschiffe, die selbst schlechtestem Wetter standhalten konnten. Im Verhältnis zu ihrer Länge von 9 bis 25 Meter waren sie auffallend breit und hatten achtern oft einen doppelt so großen Tiefgang wie vorn.

Die Takelage dieser Schiffe war sehr einfach. Der Mast trug ein großes Gaffelsegel und bis zu zwei Vorsegel (Vorstengenstagsegel und Klüver). Bei gutem Wetter konnten dazu ein Gaffeltopsegel und eine Breitfock gesetzt werden.

Kutter wurden als kleine Kriegsschiffe, besonders zur Küstenbewachung und zur Jagd auf Schmuggler, eingesetzt. Sie trugen 6 bis 20 leichte Geschütze.

Beliebt war das einfach zu segelnde und wetterunabhängige Schiff aber in erster Linie bei Fischern und Lotsen, seltener wurde es als Handelsschiff eingesetzt.

Tafel 15

Dänische Galeasse

Ein zweimastiges, leichtes Handelsschiff, das in der Ostsee, auf Elbe und Weser, hin und wieder aber auch in Holland Verwendung fand. Es ist nicht mit den mächtigen Ruderschiffen der Venezianer zu verwechseln, die man auch Galeassen nannte.

Galeassen wurden aus der Galiot (Tafel 6) entwickelt, zeigten aber nicht mehr deren glattes Spiegelheck. Statt eines Bugspriets hatten sie Auslieger und Jagerbaum mit vier Vorsegeln: Stagfock, Binnenklüver, Buten-(Außen-)klüver und Jager. Die Masten wurden Großmast und Besanmast genannt. Neben den großen Gaffelsegeln konnten beide Masten zusätzlich Gaffeltopsegel tragen und der Großmast Rahsegel (Breitfock, Bramsegel) wie auf der Abbildung.

Auf Elbe und Weser gab es solche Schiffe mit flachem Boden, die man Galeass-Ewer nannte.

Tafel 16

Griechischer Korsar

«Raubschiff» ist dieses Bild überschrieben. Die Seeräuber des Mittelmeeres segelten natürlich nicht einen einheitlichen Schiffstyp, bevorzugten jedoch kleinere, schnelle Schiffe in der Art der Pinke (Tafel 28), aber mit sehr scharfen Linien, um eine gute Segelleistung zu erzielen. Im Gegensatz zur Pinke sieht man bei den Raubschiffen meist ein Spiegelheck. Das abgebildete Schiff hat drei Masten mit Lateinersegeln, der Fockmast ist geneigt. Bei Sturm wurden die Lateinersegel, die dann nur schwer zu regieren waren, durch Rahsegel ersetzt.

Die Bewaffnung dieser Raubschiffe bestand aus 4 bis 40 Kanonen, die Besatzung war sehr zahlreich.

Tafel 17

Linienschiff mit drei glatten Decks

Im Gegensatz zu den schon gezeigten Linienschiffen (Tafeln 1 und 9) hat dieses kein geteiltes oberstes Deck, sondern alle drei Decks laufen glatt durch. Man hatte festgestellt, daß die starke Belastung des Oberschiffs, besonders des Vorschiffs, die Eigenschaften eines Schiffes negativ beeinflußten. Deshalb verzichtete man auf Schanze und Back, die sowieso nur leichte Geschütze tragen konnten, und erhielt einen niedrigeren Rumpf, der dem Schiff nicht nur ein schlankeres Aussehen verlieh, sondern auch dem Wind weniger Widerstand entgegensetzte.

Das abgebildete Schiff gehörte zu den großen Linienschiffen mit mehr als 90 Kanonen.

Tafel 18
Hamburger Grönlandfahrer

Ein großes starkes Schiff, in der Art der Handelsfregatten gebaut (vgl. Tafel 3). In England gab es ähnliche Schiffe, die Südseefahrer genannt wurden.

Um dem Eisgang mehr Widerstand entgegen setzen zu können, war der Rumpf unter Wasser mit einer doppelten Verkleidung versehen.

Grönlandfahrer hatten eine wesentlich stärkere Bemannung als gleich große Handelsschiffe, denn sie brauchten zusätzliche Mannschaften für die sechs bis acht mitgeführten Fangboote und für die Verarbeitung der gefangenen Fische, die gleich an Bord eingesalzen und in Tonnen verpackt wurden.

Tafel 19
Hamburger Bark

Erläuterung siehe Tafel 6.

Tafel 20

Hukkert-Galeasse

Eine größere Art der Galeasse als die auf Tafel 15 abgebildete.

Als Besonderheit des Typs trägt das Schiff zwei kleine Rahsegel vor dem hinteren (Besan-)Mast, die Kreuzsegel und Boven-Kreuzsegel genannt werden.

Roeloffs berichtet, solche Besegelung habe man «früher» für flach und stark gebaute «Bombenschiffe» gekannt, die aber außer Mode gekommen seien.

In Norwegen und Schweden wurden Hukkert-Galeassen auch als Handelsschiffe verwendet.

Tafel 21

Französischer Lugger (Logger)

Der Lugger, ein kleineres Segelschiff mit drei Masten, wurde als «National-Fahrzeug» der Franzosen bezeichnet. Er wurde bei der Küstenschiffahrt verwendet.

Die drei Masten waren nicht sehr hoch. Der erste stand gerade oder etwas vornüber geneigt, der zweite gerade und der dritte – dicht am Heckspiegel – in der Schräge des Spiegels nach außen geneigt. Alle drei waren mit einer Form von Rahsegeln versehen, die man Lugger- oder Loggersegel nennt: Trapezförmige Segel an Stengen, die ihrerseits nicht mit ihrer Mitte am Mast befestigt sind, sondern so, daß ein Drittel vorn verbleibt und zwei Drittel hinten, und zwar schräg, das höhere Ende hinten. Bei günstigem Wind wurde über das Luggersegel zuweilen noch ein weiteres Rahsegel gesetzt.

Vorn am Auslieger ist ein Vorsegel zu sehen (Stagfock), hinten findet sich ein ähnlicher Auslieger, der Papageienbaum genannt wird. Der letzte Mast heißt deshalb auch Papageienmast und das Segel, das er trägt, Papageiensegel, dessen Schot am Papageienbaum festgemacht war.

Tafel 22
Sloop

Ein- bis zweimastiges kleines Küstenschiff, das in der Ostsee, zur Küstenfahrt und Fischerei, aber auch in der Binnenschiffahrt Verwendung fand.

Es wird als ein Mittelding zwischen Kutter (Tafel 14) und Jacht (Tafel 23) bezeichnet. Zu den Gaffel- und Vorsegeln der Kutter kamen hier auf jeden Fall Rahsegel. Manchmal trug die Sloop auch einen kleinen Besan- oder Papageienmast mit einem Luggersegel. – In England und Schottland führten Sloops genau dieselbe Besegelung, wie sie vom Kutter bekannt ist, also neben Gaffel- und Vorsegel nur eine Breitfock.

Die Sloop ist «schärfer» als eine Jacht; es fehlt der Heckspiegel. Sloops mit flachem Boden wurden auch an der Elbe gebaut und dort Sloop-Ewer genannt.

Tafel 23
Dänische Jacht

Als Roeloffs seine Erläuterungen zu diesen Bildern schrieb, verstand man unter Jacht ein einmastiges kleines Segelschiff eines Typs, wie er in Dänemark zu Hause ist. Manche dieser Schiffe waren vortreffliche Segler, was dazu geführt haben mag, dem Wort Jacht seine heutige veränderte Bedeutung zu geben.

Die dänische Jacht aus der 1. Hälfte des 19. Jahrhunderts, die unser Bild zeigt, hat einen eigentümlichen Mast, dessen Spitze nach vorn gezogen ist. Die Besegelung besteht aus einem großen Gaffelsegel, vier Vorsegeln (Stagfock, zwei Klüver und Jager). Vor dem Wind wurde dazu eine Breitfock gesetzt.

Tafel 24

Lotsenboot

Schon bei Tafel 14 war die Rede von Booten, wie sie die Lotsen gern segelten – seetüchtig und gut zu handhaben, als Kutter getakelt.

Tafel 25
Dreimastiger Schoner

Solche Schoner wurden in Spanien und Portugal gebaut, wo man sie auch «Yatte» nannte. Oft steht der hintere Mast (Besanmast) gleich am Heckspiegel. Die Schot des Besansegels wurde dann an einem hinten befindlichen Auslieger, dem Papageienbaum, befestigt. Eine Yatte glich in der Größe den Briggs oder anderen Schonern, war aber von geringerer Breite.

Das Bild zeigt ein Schiff mit zusätzlichen Rahsegeln vor dem Mast. Hin und wieder trägt der Besanmast auch statt des Besan- ein Luggersegel.

Tafel 26

Englisches See-Dampfschiff

«Erst in den letzten fünfundzwanzig Jahren ist die Erfindung, Schiffe durch zusammengepreßte Wasserdämpfe zu bewegen, zur Reife gekommen», schrieb Roeloffs zu diesem Bild. 1807 war Robert Fulton mit dem ersten brauchbaren Dampfschiff gefahren – von New York nach Albany, 150 Meilen in 32 Stunden «wie der Teufel auf einer Sägemühle». 1816 durchquerte ein Dampfschiff den Ärmelkanal, 1819 überquerte die Savannah mit Segeln, Dampf und Schaufelrädern den Nordatlantik. 1838, ein Jahr vor dem Erscheinen von Möllers «Cyclus», bezwang die 703 BRT große Sirius als erstes Schiff den Atlantik nur mit Dampfkraft, ohne Hilfe der noch mitgeführten Segel.

Das Bild zeigt einen Dampfer mit den damals üblichen seitlichen Schaufelrädern (es gab auch Flußdampfer mit nur einem Antriebsrad, das am Heck oder mittschiffs angebracht war).

Solche Schiffe gab es damals schon in, wie es den Zeitgenossen vorkam, «großer Zahl», weil sie viel weniger von Wind, Wetter und Strömung abhängig waren als die Segelschiffe und sich deshalb besonders für die Beförderung von Post und Passagieren eigneten.

CONDOR

Tafel 27

Schebecke

Ein Schiff aus dem Mittelmeer, das sowohl von Kriegsflotten als auch von Piraten geschätzt wurde. Mit seinen aus der Galeere (Tafel 30) abgeleiteten Formen – sehr scharfe Linien, große Länge bei geringer Breite – entwikkelte es eine hohe Geschwindigkeit. Die drei Masten, von denen der erste vornübergeneigt stand, waren lateinergetakelt.

Bei stürmischem Wetter wurden die Lateinersegel gegen Rahsegel ausgetauscht. – Schebecken trugen 6 bis 40 Kanonen auf einem Deck.

Tafel 28

Türkische Pinke

Eher als die auf der vorhergehenden Tafel gezeigten Schebecke war die Pinke zur Handelsschiffahrt geeignet. Griechen und Türken allerdings benutzten sie auch zur Seeräuberei.

Pinken hatten drei Masten und dieselbe Takelung wie die Schebecke, Lateinersegel, die bei schwerem Wetter gegen dann leichter zu handhabende Rahsegel ausgetauscht wurden.

In Nordeuropa nannte man Pinken – das soll gesagt werden, um Irrtümer zu vermeiden – dreimastige Kauffahrteischiffe mit hohen Aufbauten und eingezogenen Deckplanken, also schmal zulaufendem Schiffskörper.

Tafel 29

Chinesische Dschunke

«Dschunke» heißt für Chinesen schlicht Schiff, genauer Segelschiff, und es gab deshalb auch eine unübersehbare Zahl von großen und kleinen Typen, Dschunken für die See- und Flußschiffahrt, Dschunken für den Krieg und für den Handel.

Für das Auge des Europäers wirkten sie plump und schwerfällig. Die Takelung unterschied sich stark von der westlicher Schiffe. Die Segel, die Ähnlichkeit mit den Luggersegeln hatten, bestanden aus Baumwolle oder auch aus Matten, oft waren sie durch Bambusstäbe unterteilt. Das bewirkte, daß auch bei großen Segelflächen der Druck des Segels den Mast gleichmäßig traf und der Größe der Segel keine engen Grenzen gesetzt waren, wie das bei Rahsegeln der Fall war.

Die hier abgebildete Dschunke hat unter dem hoch gebauten Hinterteil zwei Steuer.

Tafel 30
Neapolitanische Galeere

Die ausschließlich oder vorwiegend durch Ruder fortbewegten Schiffe gab es seit der Antike. Im Mittelmeer konnten sie sich erstaunlich lange halten – sei es, weil durch die Kämpfe gegen die mohammedanischen Völkerschaften auch in der Neuzeit genügend Ruderer zur Verfügung standen, sei es, weil das Mittelmeer ein ausgesprochenes Schönwettermeer ist, das die Fahrt mit solchen offenen Schiffen möglich macht.

Es gab Galeeren mit mehreren übereinander liegenden Reihen von Rudern (z. B. Bireme, Trireme = Zweiruderer, Dreiruderer) und solche, bei denen jede Ruderpinne von mehreren Ruderern bewegt wurde.

Die Ruderer waren meist Sklaven oder Kriegsgefangene, auch Sträflinge, die zum Dienst auf der Galeere verurteilt worden waren. Sie waren, um Meuterei und Aufstand zu vermeiden, an ihre Bänke angeschmiedet, auf oder unter denen sie auch schlafen mußten.

Roeloffs gibt 1839 die Größe der neapolitanischen Galeere mit 24 bis 48 Rudern und ein bis zwei Kanonen, die am Bug standen, an.

Tafel 31
Weserkahn

Kahn nennt man in Deutschland jedes kleine Boot. Der Weserkahn (auch Bremerkahn genannt) allerdings hatte oft zwei Masten, sollte aber nicht mehr als 4 Fuß (etwa 1,20 m) Tiefgang haben.

Das erklärt sich daraus, daß er die Last der Schiffe, die wegen ihres Tiefgangs nicht von Bremerhaven nach Bremen die Weser hinauflaufen konnten, übernehmen und transportieren mußte und daß im Sommer die Wasserführung der Weser zwischen Vegesack und Bremen kaum über vier Fuß betrug.

Hier trägt der Großmast ein großes Gaffelsegel, das bei leichtem Wind durch die Breitfock und zwei weitere Rahsegel ergänzt wurde. Der weit hinten stehende Besanmast trägt ein kleines Gaffelsegel und vorn auf Auslieger und Jagerbaum können drei Vorsegel (zwei Klüver und Jager) gesetzt werden.

Tafel 32
Milchewer

Ewer ist eine Sammelbezeichnung für flachbodige Segelboote, wie sie auf Elbe und Weser zu Hause waren. Man nannte sie nach ihrer Bestimmung Fischer-, Fähr- oder Postewer oder nach ihrer Besegelung Sprietewer oder Rahewer. Ewer hatten ein bis zwei Masten und eine einfache, leicht zu handhabende Besegelung.

Die Abbildung zeigt einen Milchewer, mit dem die Milchbauern von der Unterelbe ihre Milch nach Hamburg transportierten. Das einmastige Schiff hat lediglich ein Gaffelsegel und ein Vorsegel (Stagfock).

Die Fischewer aus Blankenese waren durchweg mit Rahsegeln ausgerüstet (Tafel 40).

Tafel 33

Kriegsschoner

Die auf Tafel 5 schon näher beschriebenen Schoner wurden auch für kriegerische Zwecke ausgerüstet. Ein Kriegsschoner war meist etwas breiter als ein entsprechendes Handelsschiff und trug die Kanonen möglichst hoch über dem Wasser. Die Bewaffnung von Kriegsschonern war relativ leicht, 4 bis 18 höchstens 18pfündige Kanonen.

Das abgebildete Schiff trägt neben den Gaffelsegeln auch Rahsegel, wodurch eine Ähnlichkeit mit einer Brigg entsteht.

Tafel 34

Kanonenboote

Sie wurden von dem Schweden Fedrik af Chapman speziell für den Seekrieg in den finnischen Schären konstruiert und waren, wie Roeloffs berichtet, in Rußland, Schweden und Dänemark in Gebrauch. (Für die erste deutsche Flotte [1848–1852/53] unter Admiral Brommy wurden 27 Kanonenboote gebaut, um die von den Dänen bedrohten Flußmündungen zu bewachen.)

Die Boote waren lang, schmal und hatten einen Tiefgang von nur 75 cm, bei einer Bewaffnung mit zwei 18pfündigen Kanonen und 50 bis 70 Mann Besatzung! Diese saß in Öffnungen im Deck und handhabte 20 bis 32 Riemen, um das Boot vom Wind unabhängig zu machen. Die Besatzung schlief nicht an Bord, sondern kampierte in Zelten an Land.

Die Kanonen standen in Bug und Heck. Man konnte deshalb meist nur eine von ihnen benutzen, und die Boote hatten wenig Feuerkraft, weshalb sie in Gruppen zu sechs oder zwölf operierten.

Uneinheitlich war die Takelung, es sind Darstellungen mit Rah- und Gaffelsegeln überliefert, sogar mit Lateinersegeln. Die von Chapman ausgerüsteten Boote für die schwedische Flotte trugen Luggersegel.

Tafel 35

Amerikanisches Flußdampfschiff auf dem Mississippi

1839 war es etwas Besonderes, wenn ein Schiff keine Masten und Segel hatte. Das hier gezeigte Flußdampfschiff wies aber noch andere Besonderheiten auf. Die Dampfmaschine wurde mit Holz geheizt, das vorn auf dem Deck aufgestapelt liegt. Die geräumigen Kabinen für die Passagiere befinden sich nicht unter, sondern auf dem Deck, wie die Stockwerke eines Gebäudes, oft drei übereinander. Jede Reihe ist gegenüber der Reeling oder der darunter liegenden Kabinenfront etwas zurückgesetzt, so daß vor den Fenstern und Türen eine etwa 1,50 m breite Balustrade verläuft, die als Promenade geeignet war.

Am Hintersteven ergibt sich ein geschützter überdachter Raum, da die oberen Kajüten durch Säulen getragen werden.

Das gezeigte «Steamboat», wie man die Schiffe in Amerika nennt, hat zwei seitliche Antriebsräder. Andere tragen ein breites Rad am Heck.

NEW ALBANY.

Tafel 36
Polacker

Polacker oder Polacka nannte man im Mittelmeergebiet ein größeres dreimastiges Segelschiff, dessen Masten und Bugspriet aus einem Stück bestanden. Sie waren deshalb nicht so gewachsen. Vielmehr wurden sie oft kunstvoll aus zwei Teilen zusammengefügt und durch eiserne Bande zusammengehalten.

Solche Masten, Pfahlmasten genannt, konnten nicht sehr hoch sein, mußten aus dem besten Holz bestehen und eine größere Dicke haben als die sonst verwendeten Stengen. Allerdings konnte man so auch auf Mars und Eselshaupt verzichten und mit einer einfacheren und leichteren Takelage auskommen.

Der Nachteil dieser Masten war, daß bei einer Beschädigung die Reparatur nicht durch eine Reserve-Stenge erfolgen konnte, sondern der ganze Mast ausgewechselt werden mußte.

Tafel 37

Bark im Mittelmeer

Sehr lange Zeit waren im Mittelmeer auch die Handelsschiffe bewaffnet, um sich beim Überfall von Piraten wehren zu können. Das abgebildete Schiff hat einen aus einem Stück bestehenden Großmast und am Fockmast ein Lateinersegel. Seine Größe entspricht der einer nordeuropäischen Bark oder Fregatte.

Tafel 38

Tartane

Sie war ein kleines, im Mittelmeerraum weit verbreitetes Segelschiff, mit ein oder zwei Masten, mit Lateinersegeln versehen, über denen oft noch zwei Rahsegel gesetzt waren, dazu zwei Vorsegel (Stagfock und Klüver).

Tafel 39
Felucke

Ein kleines Fahrzeug, das im Mittelmeer zu Hause war – schnell, leicht, für Kampf und Handel, Schmuggel und Piraterie gleichermaßen geeignet.

Die Länge einer Felucke wird mit etwa 15 Meter angegeben. Sie hatte zwei vornüber geneigte Masten, die lateinergetakelt waren.

Dazu verfügte sie über Ruder – gewöhnlich zwölf an jeder Seite.

Das abgebildete Schiff ist bewaffnet. Vorn stehen zwei 24pfündige Kanonen. Der Kapitän hält sich auf dem hinteren Deck auf, in einer Art über hölzerne Reifen gezogenen Zelt, wie es von den Galeeren bekannt ist.

Tafel 40
Fischewer

Die Blankeneser Ewer waren groß, breit und stark gebaut, sie wurden zum Fischfang benutzt (vgl. Tafel 32).

Tafel 41

Kriegslugger

Scharf gebaute, schnelle Schiffe, die als Kundschafter eingesetzt wurden, zur Jagd auf Schmuggler und zur Weitergabe von Befehlen. Die Takelung entsprach exakt den in der Handelsschiffahrt eingesetzten Luggern, doch ähnelten die Formen mehr einem Kutter als einem Schoner (vgl. Tafel 21). Die Bewaffnung der Kriegslugger war nicht groß; sie führten 8 bis 20 leichte Kanonen.

Das abgebildete Schiff läßt die besondere Form der Luggersegel gut erkennen. Der Großmast trägt ein zusätzliches Rahsegel.

Tafel 42
Fleute

Ein von den Holländern gern benutztes dreimastiges Handelsschiff, das in allen europäischen Gewässern und auch auf der Fahrt zu den ostindischen Kolonien eingesetzt wurde. Hin und wieder war es mit einigen Kanonen bewaffnet.

Das hier vorgestellte und mit dem Titel «Fleute» versehene Schiff aber ist tatsächlich eine Art Galiot. Der Fehlgriff von Möller und Roeloffs ist damit zu erklären, daß zur Zeit der Herstellung dieses Bildes die Fleute längst nicht mehr in Gebrauch war.

Tafel 43

Schebecke (Xebeque) mit Polacker-Takelung

Ein Schiff aus dem Mittelmeer, das dem Handel wie dem Kriegshandwerk diente.

Sowohl die Schebecke als auch die Polacka wurden beschrieben (Tafeln 27 und 36), so daß hier die Daten des abgebildeten Schiffes genügen: Länge rund 36 Meter, Breite 10 Meter, Bewaffnung 20 Kanonen.

Schebecken dieser Art wurden auch Halb-Schebecken genannt.

Tafel 44
Sakolève und Tchikirne

Als Sakolève führen Möller und Roeloffs ein Schiff vor, das in der Levante beheimatet war. Es hat auffallend viel Sprung, das heißt, daß das Deck stark gewölbt war. Die drei Pfahlmasten waren unterschiedlich groß. Der Großmast stand fast in der Mitte, nach vorn geneigt. Er führte neben einem großen Gaffelsegel je ein Mars- und Bramsegel. Zwei kleine Masten auf dem Hinterschiff waren lateinergetakelt.

Die Tchikirne dagegen war ein vom türkischen Staat unterhaltenes Lastschiff mit einem Pfahlmast. Ihre Aufgabe war es, aus dem Schwarzen Meer und dem Marmarameer Holz für das Seemagazin herbeizuschaffen.

Tafel 45
Mistique

Ein leichtes dreimastiges Segelschiff, von Schmugglern wie Schmuggler-Jägern bevorzugt, in der Art des Lugger (Tafel 21), doch mit normalen Rahsegeln. Dies Schiff wurde von Spaniern und Portugiesen gebaut.

Tafel 46

Schiffe auf der Helling

«Schiffe auf dem Stapel» nennt Roeloffs dieses Bild. Es zeigt eine Werft im 19. Jahrhundert. Schiffe wurden auf Stapelblöcken gebaut, viele aber auch auf Hellingen, das sind aus Holz konstruierte, zur Wasserseite hin geneigte Ebenen, auf denen die Schiffskörper während des Baues abgestützt und verkeilt lagen und nach der Fertigstellung ins Wasser abgleiten konnten.

Ein Trockendock gab es zu dieser Zeit noch nicht; die Schiffe wurden zur Reparatur auf die schiefe Ebene heraufgezogen.

Tafel 47

Oben:

Balse, ein Floß aus leichtem Balse-Holz, wie es in Südamerika auf Flüssen und auch auf der offenen See in Gebrauch war, 5 bis 9 Stämme (etwa 6 Meter) breit und gut 20 Meter lang. Mit einem kurzen Mast und einem Segel, zuweilen aber auch mit einem Vorsegel.

Gondel, in Venedig auf den Kanälen beliebt. In der Mitte eine Art Kutschkasten für die Passagiere, hinten ein Ruderer, Gondoliere genannt.

Kaag, einmastiges Segelfahrzeug, wie es die Holländer zum Fischfang und Transport auf Binnengewässern verwendeten. Bewegliche Schwerter an beiden Seiten.

Büse, ein zwei- bis dreimastiges kleines Segelschiff, mit dem Holländer und Ostfriesen auf Heringsfang fuhren.

Palme, Handels- und Kriegsschiff aus Südostasien. Der Form und Takelung nach müßte es von Europäern oder nach europäischem Vorbild gebaut sein.

Doggerboot, zweimastiges Segelschiff, mit dem die Holländer auf der Doggerbank fischten.

Mitte: *Schiffe des Altertums*

Lastschiff mit Ruder, wahrscheinlich nach einem frühen ägyptischen Boot.

Kampfschiff, frühes phönizisches Ruderschiff mit Rammsporn.

Prachtschiff des Hieron von Syrakus, Ruderschiff (3. Jh. vor Chr.).

Phönizisches Frachtschiff. Obwohl Roeloffs diese Bezeichnung drucken ließ, dürfte es sich eher um ein Schiff handeln, wie es Kaufleute und Kreuzfahrer im Mittelalter benutzten.

unten:

Pros volant, Auslegerboot von den Carolinen (Südsee).

Dinga, ein Boot, wie es an der Küste von Malabar gebräuchlich ist, mit einem nach vorn geneigten Mast mit einem Rahsegel.

Boot, hier wird ein kleines Segelschiff gezeigt, dessen Form und Takelung an einen Kutter erinnert.

Dampfschiff, mit einem Heckrad, zur Fahrt auf schmalen Flüssen bestimmt. Aber auch auf dem Mississippi verkehrten Dampfer mit solchen Heckrädern.

Bisquine, ein kleiner Küstensegler, der auch mit Rudern fortbewegt werden kann.

Chasse-Marèe, Segelschiff in der Art der Lugger (Tafel 21).

Balse
Gondel
Kaag
Büse
Palme
Doggerboot
SCHIFFE DES ALTERTHUMS
Prachtschiff
HIERON von Syrakus
Lastschiff
Kampfschiff
Phönesischer
Frachtschiff
Pros volant
Dinga
Dampfschiff
Chasse marée

Jolle, ein kleines offenes Boot mit Rudern, hin und wieder auch mit Segeln.
Boot mit Lateinsegeln (Lateinersegeln), wie sie im Mittelmeergebiet üblich sind.
Bugalet, dient nach Roeloffs auf der Reede von Finisterra zum Leichtern.
Flambart, französisches Fischerboot mit zwei Masten. Das Bild zeigt je ein Rahsegel und Gaffelsegel.
Trabac, Segelschiff aus dem Adriatischen Meer, mit zwei Masten und großen, oben und unten befestigten Rahsegeln.
Prahau und Prao, malayische Auslegerboote mit Segeln, die aus Matten bestehen.
Germe, kleines äygptisches Segelschiff. Ein großer und ein weit vorn stehender kleiner Mast, lateinergetakelt, am Heck eine kleine Hütte.
Rechifté, türkisches Passagierschiff aus dem Bosporus, etwa 12 Meter lang.
Chatte, französischer Küstensegler in der Art der Lugger.
Padouacann, malayisches Handelsschiff mit zwei bis drei Masten, hin und wieder zum Schutz gegen Seeräuber mit Geschützen versehen.
Hoi, Küstensegler in Nord- und Westeuropa, flachbodig, mit einem großen und einem kleinen Mast.
Doppelter Caracora, Kriegsschiff in Südostasien, mit einer Besatzung bis zu 200 Mann, bis zu 35 Meter lang, aber nur 3,50 Meter breit; 1,50 Meter Tiefgang. Zwei bis drei Reihen Ruderer auf jeder Seite, die auf Auslegern außerhalb des Schiffsrumpfes sitzen, ein bis zwei Masten. Die Krieger kämpfen erhöht von Gerüsten, die an den äußersten Enden des Schiffes errichtet sind.

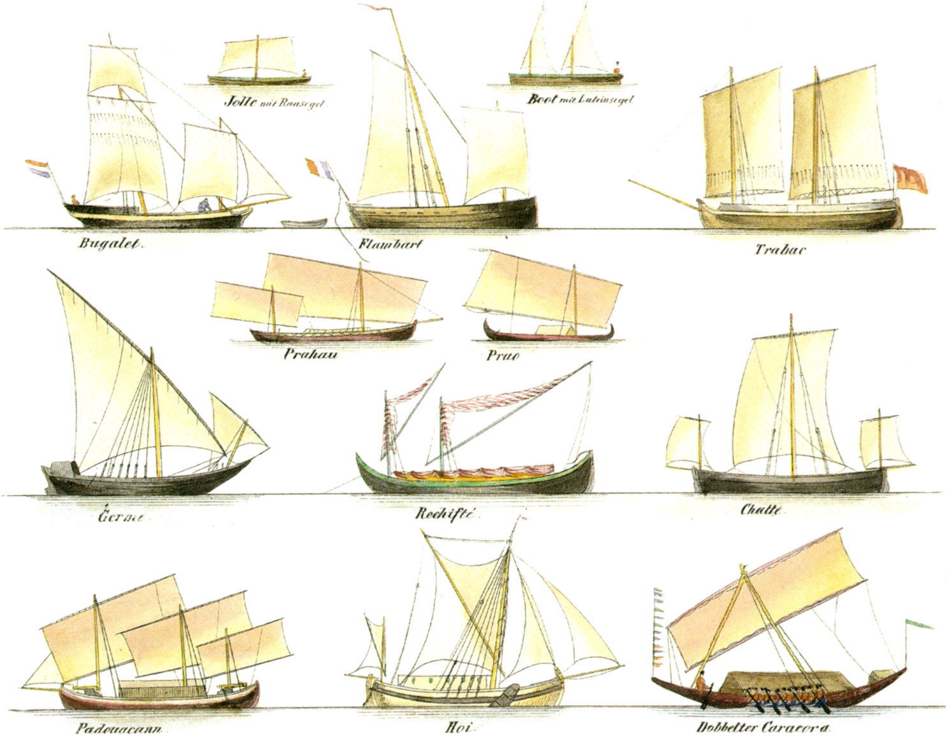

Jolle mit Raasegel
Boot mit Lateinsegel
Bugalet.
Flambart
Trabac
Prahau
Prao
Germe
Rechifté
Chatte
Padouacann
Hoi
Dobbelter Caracora

Tafel 49

Mulet, portugiesisches Fischerboot mit stark nach vorn gebogenen lateinergetakelten Masten.
Balour, Seeräuberschiff von den Molukken, mit mindestens 300 Mann Besatzung, trägt Kanonen auf Bug und Heck.
Piahiap, leichte Fahrzeuge der Seeräuber von den Molukken, folgen dem Balour und plündern während der Nacht an den Küsten. Besatzung 25 bis 70 Mann.
Trebisonde, türkisches Segelboot mit einem Mast.
Houari, zwei- bis dreimastiges Segelschiff für die Küstenschiffahrt mit einer ganz besonderen Takelung, nämlich dreieckigen Segeln, deren Rah weit über die ziemlich kurzen Masten hervorragt.
Mulette, portugiesisches Fischerboot, mit einer ungewöhnlichen Takelung. Zwei Klüver vorn und hinten, an denen man die Netze mitschleppt.
Speronare, ein kleines einmastiges Segelschiff, wie es in Sizilien und auf Malta in Gebrauch ist.
Lanche, flachbodiger Küstensegler aus Mittelamerika, auch als Leichter mit Rudern bekannt.
Amphisdrome/Amphiprora, ein Schiff, das vorwärts und rückwärts segeln kann, ohne zu wenden. Es hat an jeder Seite ein Steuerruder; das hier abgebildete Kriegsschiff (Korvette) wäre also im Seegefecht seinen Gegnern allein durch die Fähigkeit, in beide Richtungen zu segeln, überlegen.

Mulet.

Balour

Piahiap.

Trébisonde

Houari.

Mulette.

Speronare

Lanche.

Amphisdrome, Amphiprora

Tafel 50

Baggermaschine, ein Leichter mit zwei beweglichen Schaufeln aus Blech, um Häfen und Fahrrinnen auszubaggern. Die Vorrichtung wird durch eine Tretmühle, durch in den Rädern wie eine weiße Maus laufende Arbeiter in Bewegung gesetzt. Die Löffel entleeren das Baggergut in eine mitgeführte Schute.

Mastenkran, eine am Ufer stehende Vorrichtung, womit Masten in Schiffe gesetzt werden. Der Antrieb der Hebezeuge erfolgt durch Treträder oder Kurbeln.

Bullen oder Kiellichter, ein auf allen Seiten plattes Wasserfahrzeug, mit dessen Hilfe man Schiffe auf die Seite windet, zum Kalfatern oder für Reparaturen unter der Wasserlinie.

Kameel, in Holland und Flandern verwendet man sie, um andere Schiffe über Untiefen hinweg zu bringen. Zwei Kameele legen sich rechts und links neben das Schiff, dann werden sie mit Wasser gefüllt und mit dem zu hebenden Schiff vertäut, indem man Taue unter seinem Kiel durchzieht. Wird nun das Wasser aus dem Schiffskörper der Kameele hinausgepumt, so heben die beiden Kameele sich und tragen in ihrer Mitte das zu hebende Schiff mit sich hoch.

Lichterprahm, ein starkes Boot, mit dem man schwere Ausrüstungsgegenstände zum Schiff bringt.

Becasse, spanische Segelboote, oft sehr prächtig geschmückt.

Lichter (Leichter), leichtes Segel- und Ruderfahrzeug. Geringer Tiefgang. Dient in Häfen, die kein ausreichend tiefes Fahrwasser haben, dazu, größere Schiffe auf der Reede zu «leichtern», also ihnen einen Teil ihrer Ladung abzunehmen, damit sie in den Hafen einlaufen können.

Fig 6
Becasse
Fig 1
Baggermaschine
Fig. 2
Mastenkrahn
Fig. 7
Lichter
Fig. 5
Lichterpram
Fig. 3.
Bullen oder Kiellichter
Fig. 4
Kameel

Erklärung wichtiger seemännischer Fachausdrücke

Aake, zweimastiges holländisches Küstensegelschiff und Fischereifahrzeug mit → Gaffelsegeln.

Abdrift (Abtrift), seitliche Abweichung von dem gesteuerten Kurs, hervorgerufen durch Wind und Strömung.

abfallen, Kursänderung eines Schiffes, so daß der Wind ganz oder fast ganz von hinten in die Segel fällt.

abflauen, Zurückgehen der Windstärke, Einschlafen des Windes.

abreiten, schlechtes Wetter beigedreht vor dem Anker oder Treibanker überstehen.

absacken, Untergehen eines Schiffes.

abtreiben, siehe Abdrift, auch ohne eigenen Antrieb vor der Strömung treiben.

abwracken, das Verschrotten, Auseinandernehmen des Schiffes.

achteraus, nach hinten, in rückwärtiger Richtung.

Achterdeck, hinterer Teil des Decks, früher oft erhöht.

Achtergäste, Bezeichnung für Kapitän und → Offiziere. Auf Segelschiffen befanden sich deren Wohnräume in der Regel hinten (achtern).

Achterkastell, siehe Kastell.

achterlastig, ist ein Schiff, dessen → Heck tiefer liegt als der Bug.

Achtermast, nicht immer der hinterste, sondern bei Viermastschiffen der dritte und bei Fünfmastschiffen der vierte von vorn.

achtern, hinten, auf dem → Achterdeck.

Achterschiff, hinterer Teil des Schiffes.

Achtersteven, siehe Steven.

Anbohren, ein Schiff durch Bohren von Löchern zum Sinken bringen, z. B. im Falle eines Versicherungsbetruges.

anbrassen, die → Rah mehr längsschiffs holen.

Anderthalbmaster, zweimastige Segelschiffe, deren kleinerer Mast hinten steht.

Ankerboje, ein schwimmendes Zeichen (z. B. aus Kork), das durch ein Tau mit dem Anker verbunden ist und seine Lage anzeigt.

Ankerklüse, siehe Klüse.

Anker lichten, das Hochholen des Ankers mit Hilfe von Ankertau oder Ankerketten.

Ankerschaft, Hauptstück des Ankers zwischen den Armen und dem Stock.

Ankerspill, Winde zum Hochwinden (Hieven) des Ankers.

Ankerwache, aus nur wenigen Mann bestehende Wache im Hafen und auf der Reede.

anluven, das Schiff näher an den Wind bringen.

Anschlagbändsel, kurzes Stück Garn, siehe → anschlagen.

anschlagen, ein → Rahsegel an der → Rah, ein → Gaffelsegel an der → Gaffel mit einem Anschlagbändsel befestigen.

Anwuchs, Ansetzen von Schaltieren und Algen an der unter Wasser liegenden Außenhaut des Schiffes, bewirkt Rostansatz und erhöht den Wasserwiderstand, erhöht also den Energieverbrauch zur Fortbewegung. Wird durch giftige Farbanstriche weitgehend verhindert, bei hölzernen Schiffen durch Beschlagen mit Kupfer- oder Bleiplatten.

Äquatortaufe, seemännischer Brauch beim ersten Überschreiten des Äquators, oft durch → Kielholen an jungen Seeleuten vollzogen.
Heute symbolische Handlungen auf Passagierschiffen zur Unterhaltung der Fahrgäste.

arbeiten, ein Schiff, das stark rollt oder stampft, arbeitet schwer.

Armada, (die unüberwindliche), 1588 von dem spanischen König Philipp II. gegen England ausgesandte Flotte mit 130 Kriegsschiffen und fast 30 000 Mann.

Artemon, in der Antike gebräuchliches Steuersegel am vorderen Ende des Schiffes.

Aufbauten, Bauteile über dem Hauptdeck des Schiffes, die von Bord zu Bord reichen. Kleinere, die nicht von Bord zu Bord reichen, werden als Deckshaus bezeichnet.

aufbringen (einer Prise), die Wegnahme eines Schiffes durch Gewalt auf hoher See.

aufbrisen, Verstärken oder Erscheinen des Windes.

auf dem Strom liegen, Bezeichnung für ein vor Anker liegendes Schiff, dessen Bug dem Strom zugedreht ist, da dieser stärker ist als evtl. Wind.

auf dem Winde liegen, Bezeichnung für ein vor Anker liegendes Schiff, dessen Bug dem Wind zugedreht ist, da dieser stärker ist als die Strömung.

aufgeien, Kürzen des Segels, indem es mittels Geitauen von unten geschürzt und zur → Rah zusammengezogen wird.

aufklaren, a) Aufräumen; b) Besserung des Wetters.

aufschießen, ein Tau im Kreis legen, Ring um Ring (Buchten).

aufslippen, ein Schiff mit einer Rutsche oder einem auf Schienen laufenden Wagen auf Land ziehen.

aufstechen, einen Katzenrücken. Hatte der Kiel eines Schiffes sich so verzogen, daß Bug und Back tiefer lagen als das Mittelteil des Decks, sagte man, das Schiff habe einen Katzenrücken aufgestochen.

aufwinden (ein Schiff), Wo keine Docks zur Verfügung standen, wurde das Schiff mittels Seilzügen auf eine → Helling gezogen.

aus dem Ruder laufen, Kursänderung ohne Absicht des Rudergasten.

Ausleger, a) zweiter Bootskörper, der dem Fahrzeug größere Stabilität verleiht,
b) über die Bordwand des Schiffes ragender Rahmen, als Auflage für → Riemen.

Außenhaut, wasserdichte äußere Lage von → Planken oder Metallhaut des Schiffskörpers.

Außenklüver, siehe Klüver.

Auslieger, kurzer Baum, der bei kleinen Segelfahrzeugen statt eines → Bugspriets angebracht ist.

ausschießen des Vorstevens, sein Überhängen über die Vorderkante des → Kiels.

aussingen, ausrufen, insbesondere das Ergebnis einer fortlaufenden Lotung.

auswehen, Segel sind am Mast vom Wind gebläht.

Aviso (Avisjacht), leichteres Kriegsschiff mit der Aufgabe der Nachrichtenübermittlung.

Aye, aye, seemännische Bejahung.

Back, Aufbau auf dem Vordeck, auch Eßschüssel, Eßtisch, Tischgemeinschaft (Backschaft).

back, Segelstellung, wobei diese den Wind von vorn erhalten, gegen den Mast gepreßt werden und das Schiff stoppen oder nach → achtern treiben.

Backbord, linke Seite des Schiffs.

backbrassen, die → Rah so stellen (brassen), daß der Wind die Segel von vorn trifft.

back halsen, siehe halsen.

backholen, ein Segel so anholen, daß der Wind von der entgegengesetzten Seite kommt.

Backsoffiziere, Unteroffiziere.

Backsquartier, die unter dem Vordeck eines Schiffes liegenden Räume.

Backstagen, siehe Stag.

Backstagswind, ein Wind, der nicht gerade von hinten, aber auch nicht gerade von der Seite kommt.

Bagienrah, Unterrah am → Kreuzmast.

Bagiensegel, unteres → Rahsegel am → Kreuzmast.

Baken, siehe Seezeichen.

Balje, Wanne oder Zuber aus Holz.

Ballast, schweres Material, das im untersten Teil des Schiffes gelagert wird, um ihm Stabilität zu geben. Segelschiffe mußten ohne Ladung durchweg mit Ballast gefahren werden.

Ballasteisen, Eisenstücke, die ohne Rücksicht auf das Gewicht der Ladung als Ballast im Schiff verbleiben.

Banden, Ringe oder Bügel aus Eisen, die etwas zusammenhalten sollen.

Bargholz, siehe Bergholz.

Bark, Rahschiff mit 3–5 Masten, dessen hinterster (Besan-)Mast → Schratsegel hat.

Barkantine, siehe Schonerbark.

Barkasse, a) für den Kommandanten bestimmtes Boot auf Kriegsschiffen. b) Hafenfahrzeug, das die Hafenarbeiter an ihre Arbeitsplätze bringt.

Barkassentakelung, zweimastige Takelung mit → Loggersegeln.

Barre, Untiefe oder Sandbank in einer Hafeneinfahrt oder anderen Schiffahrtsstraßen, meistens vor Flußmündungen.

Baum, Rundholz.

Baumsegel, siehe Briggsegel.

beidrehen, die Fahrt verlangsamen durch → backbrassen oder Bergen der Segel.

beilegen, ein Segelschiff bei Sturm so nahe wie möglich an den Wind bringen, daß es beinahe auf der Stelle liegen bleibt, auch bei schwerem Wetter auf etwas warten.

bekalmen, den Wind abschneiden. Das kann durch eine Steilküste, ein anderes Schiff oder ein anderes Segel geschehen.

belegen, Festmachen eines Taus an einem Poller oder einem → Nagel (Belegnagel).

Belegnagel, siehe Nagel.

Beplankung, → Planken der → Außenhaut.

bergen, die Segel, → Stag- und → Leesegel niederholen, → Rahsegel beschlagen.

Bergholz, besonders starke Planke längs der Schiffsseite.

Besan, Hintersegel eines → Vollschiffs oder einer Bark, auch bei → Ewern und → Ketschen. Ein → Schratsegel an einer Gaffel.

Besanbaum (Giekbaum), Rundholz unter dem Besansegel.

Besanmast, hinterster Mast auf → Barken, → Ewern und → Ketschen für den → Besan.

Besanschute, einmastiges Küstensegelschiff, → Gaffelsegel.

Besanwanten, → Wanten, die den → Besanmast halten.

Beschlag, Verkleidung des Schiffsbodens eines Holzschiffes durch Platten von Kupfer oder anderem Metall.

beschlagen, siehe festmachen.

Besteck setzen, Bestimmung des Schiffsortes nach der Beobachtung der Zeit und der Gestirne. Siehe auch gegißtes Besteck.

Betakelung, siehe Takelung.

Beting, auf dem Oberdeck angebrachte, senkrecht stehende Hölzer für die Befestigung der Ankertrossen.

Bilge, Kielraum des Schiffes.

Bilgenwasser, zwischen den Planken eines hölzernen Schiffsrumpfes durchsickerndes Wasser, das sich in der → Bilge sammelt.

binnen, seemännischer Ausdruck für «innen», sowohl auf das Schiff, als auch auf das Land bezogen (Binnenschiffahrt).

Binnenklüver, siehe Klüver.

Bireme, antikes Ruderschiff mit zwei Ruderreihen.

Blatt, flacher, ins Wasser zu tauchender Teil des → Riemens.

Blinkfeuer, wurden zur Zeit der Segelschiffahrt durch Anstecken von Pulver in bestimmten Abständen gezündet, um mitreisende Schiffe über die eigene Position zu unterrichten.

Block, Holzgehäuse mit einer oder mehreren drehbaren Scheiben, über die Taue geleitet werden.

Bojen, schwimmende Seezeichen, warnen vor Hindernissen unter Wasser und kennzeichnen Schiffahrtswege.

Bombardierschiffe, siehe Ketsch.

Bombenketsch, siehe Ketsch.

Bonaventuramast, dritter Mast einer viermastigen → Karracke.

Bonnet, Segeltuchstreifen zur Vergrößerung eines → Rahsegels, sind an dessen unterer Kante angebracht und werden bei schlechtem Wetter weggenommen.

Bootsgast, Matrose, der abkommandiert ist, ein Boot zu rudern.

Bootshaken, an einer langen Stange befestigter eiserner Haken, mit dem ein Boot an einem Schiff oder an einer Anlegestelle festgehalten wird.

Bootsmann, Unteroffizier, dienstältester Matrose, der unter Befehl eines Offiziers die Matrosen bei der Arbeit beaufsichtigt.

Bramsahling, → Sahling, Platz für den Ausguck.

Bramsegel, drittes → Rahsegel, von unten gezählt. Je nach dem → Mast, der es trägt, Vorbramsegel (Fockmast), Großbramsegel (Großmast), Kreuzbramsegel (Kreuzmast) genannt. Es gibt auch doppelte Bramsegel. Ober- und Unterbramsegel sind das 3. und 4. Segel von unten. Ist auch das Marssegel geteilt, so sind Ober- und Unterbramsegel das 5. und 4. Segel von unten.

Bramstenge, siehe Stenge.

Bramtuch, leichtes Segeltuch für kleinere Segel.

Brander nannte man ein altes Segelschiff, das mit feuergefährlichen Materialien gefüllt, angesteckt und in die feindliche Flotte getrieben wurde, um deren Schiffe in Brand zu stecken.

Brandung, Überstürzen der Wellen an der Küste.

Brassen, Taue, die an den → Nocken der → Rahen befestigt sind. Sie ermöglichen, die Rahen von Deck aus in die gewünschte Stellung zu bringen.

brassen, Richten der → Rahsegel durch → Brassen, soweit vorhanden mit der → Brasswinsch.

Brasswinsch, Winde zum Verstellen der → Rahen.

Bratspill, kleinere Winde mit senkrechter Achse, auf alten Segelschiffen horizontal liegende Welle für das Ackertau.

Brecher, große, über → Bug und Deck eines Schiffes stürzende Welle.

Breite, Entfernung eines Ortes vom Äquator.

Breitfock, einfaches → Rahsegel auf sonst mit → Schratsegeln ausgerüsteten Schiffen.

Breitseite, gesamte Seite eines Schiffes, auch eine Salve aller auf einer Seite des Schiffes stehenden Geschütze.

Brigantine, siehe Schonerbrigg, auch Bezeichnung für eine in Südeuropa gebaute Brigg.

Brigg, Schiff mit zwei → vollgetakelten (mit → Rahsegeln versehenen) Masten, am hinteren dazu ein → Besan.

Briggschoner, siehe Schonerbrigg.

Briggsegel nennt man das Besansegel einer → Brigg, wenn dies an einem → Schnaumast hinter dem → Großmast befestigt ist.

Brise, Wind.

Bucht, Rolle von Tauwerk.

buchten, siehe aufschießen.

Bug, vorderster Teil des Schiffs.

Bugflagge, siehe Gösch.

Bugmast, früher bei Segelschiffen üblicher kleiner Mast auf dem → Bugspriet für die → Oberblinde.

Bugruder, zusätzliches → Ruder, z. B. bei Fährschiffen.

Bugspriet, starke → Spiere am → Bug des Schiffes.

Bugstag, nach beiden Seiten führende Taue zum Abstützen des → Bugspriets und des → Klüverbaums.

Bugwasser, Welle, die beim fahrenden Schiff seitlich aufgeworfen wird.

Bukanier, siehe Flibustier.

Bullauge, rundes Fenster in Deck oder Außenwand eines Schiffes.

Bum, zweimastiges arabisches Schiff.

Calie, asymmetrisches Doppelkanu in der Südsee.

chartern, ein Schiff für eine bestimmte Zeit mieten.

Coffeynagel, siehe Nagel.

Convoy, siehe Konvoi.

Dau (Dhau), Segelschiff im arabischen Raum.

Dämpfen des Holzes erfolgt beim Schiffbau, wo stark gekrümmte Holzstücke erforderlich sind, in einem Dampfkasten oder unter gleichzeitigem Begießen am offenen Feuer, wodurch das Holz biegsam wird.

Deck, Fläche aus Holzplanken, Eisen oder Stahl, die den Schiffsraum waagerecht abschließt oder unterteilt.

Decklasching, Tau zum Festzurren der → Decklast.

Decklast, Ladung, die an Deck gestaut ist.

Decksbalken, quer verlaufender Balken zur Stützung der Decksplanken.

Deckshaus, siehe Aufbauten.

Decksplanken, siehe Planken.

dippen, Flaggengruß, wobei die Flagge halb niedergeholt und anschließend wieder voll gesetzt wird.

Dock, ein mit Schleusentüren versehener Raum, in dem der Wasserspiegel reguliert oder abgesenkt oder das Wasser ganz ausgepumpt werden kann, z. B., um Reparaturen vorzunehmen.

Dollbord, oberste Kante der seitlichen Schiffswand bei Ruderbooten.

Dolle, Lagerung für die → Riemen in der Seitenwand eines Bootes.

Draggen, Anker mit vier über Kreuz stehenden Klauen ohne Stock. Für weichen Grund. In der Flußschiffahrt oder als Suchanker verwendet.

Drehbasse, leichtes 2- bis 3pfündiges Geschütz, meist auf kleineren Segelschiffen, das beweglich angebracht war.

Dreimastrahschoner, → Schoner, der an Fockmast und Großmast (den beiden vorderen Masten) neben den → Gaffelsegeln je drei → Rahsegel trägt. Auch Polka-Bark.

Dreimasttoppsegelschoner, → Schoner, der am Fockmast (vorderen Mast) neben den → Gaffelsegeln noch drei bis vier → Rahsegel fährt.

Dschunke, chinesisches See- und Flußsegelschiff. Bis zu sechs Masten mit Segeln, die den europäischen → Luggersegeln ähneln.

Ducht, Sitzbank eines offenen Bootes.

Duckdalben, feste Seezeichen und gebündelt eingerammte Pfähle zum Festmachen der Schiffe im Hafen.

dümpeln, leichte Bewegung eines vor Anker liegenden Schiffes.

Dünung, Dünungswellen sind die Ausläufer von Windwellen.

dwars, quer, dwarsab bedeutet seitlich vom Schiff, quer zum Kiel.

Eigner, Besitzer eines Schiffes.

eindocken, das Schiff ins Dock bringen zur Reparatur oder Reinigung des Unterbodens.

Eisen, in Eisen legen, in Haft nehmen.

Eisgürtel, Eisverstärkung, verstärkte Außenhaut von Schiffen, die in eisgefährdete Gebiete fahren, besonders zwischen Leerlade- und Tiefladelinie.

entern, a) Übersteigen auf ein feindliches Schiff. b) Ersteigen des Mastes über die → Wanten.

Etmal, Wegstrecke, die innerhalb des nautischen Tages, von 12 Uhr mittags bis 12 Uhr mittags zurückgelegt wird.

Ever (Ewer), flachbodiges Fluß- und Küstenfahrzeug.

Faden, Längenmaß: 1 Faden = 1,83 m = 6 Fuß. 120 Faden ergaben in früherer Zeit eine → Kabellänge.

Fallen, Taue zum Heißen von → Schratsegeln, Rahen und Gaffeln.

Fallreep, Treppe, die außenbords gehängt wird, um das Schiff zu verlassen oder zu besteigen.

Fallreepspforte, die Unterbrechung des → Schanzkleides, durch die man über das → Fallreep das Schiff betritt.

Fangleine, Leine, mit der ein Boot geschleppt oder eingeholt wird.

Fender, ein Polster, das zwischen Schiff und → Kaimauer gehängt wird, um die → Außenhaut zu schützen.

festmachen, auch beschlagen, Segel aufrollen und befestigen.

fieren, mit einer Leine hinunterlassen.

Flagge streichen, Niederholen der Flagge, bei einem Kriegsschiff Zeichen für die Kapitulation.

Flaggschiff, das Schiff einer Gruppe oder Flotte, auf dem sich der Befehlshaber befindet.

Flaschenpost, eine in einer verschlossenen Flasche auf See ausgeworfene Nachricht war früher die einzige Möglichkeit des Notrufs. Wurde später systematisch zur Erforschung von Meeresströmungen eingesetzt.

Flaschenzug, seemännisch Talje.

Fleute, holländisches Segelschiff, das im 17. Jahrhundert weiteste Verbreitung erlangte. Bauchiger Rumpf, drei → Masten mit → Blinde und → Oberblinde, die ersten beiden Masten mit Rahsegeln, der letzte mit Lateinsegeln.

Flieger, kleines Stagsegel vor dem → Klüver.

Flibustier, westindische Seeräuber im 17. Jahrhundert.
Gründeten sogar eigene Staatswesen und trieben auch Handel, hauptsächlich mit gedörrtem Fleisch und Häuten. Daher auch der Name Bukanier (Boucaniers).

Flottille, Gruppe meist kleinerer Schiffe unter gemeinsamem Oberbefehl.

Flügel, Tuchstreifen oder Windsack an der Spitze eines Mastes, der die Windrichtung anzeigt.

fluten, das Unterwassersetzen eines Raumes.

Fock, *Focksegel*, unterstes → Rahsegel am Fockmast (→ Mast), aber auch erstes → Stagsegel vom → Steven aus gerechnet bei → gaffelgetakelten Schiffen.

Fockmast, siehe Mast.

Fockstagen, nach vorn führende → Stagen des Fockmastes.

Fregatte, → Vollschiff mit drei Masten, ursprünglich nur für kleinere Kriegsschiffe verwendete Bezeichnung.

Freibord, Abstand des obersten wasserdichten Decks zum Wasserspiegel, in der Mitte der Schiffslänge gemessen.

Frigata, portugiesisches Küstensegelboot mit zwei Masten → Lateinsegel.

full-rigger, siehe Vollschiff.

Fuß (Foot), als englische Maßeinheit: 30,48 cm.

Fruchtjäger, Bezeichnung für leichte schnelle Segelschiffe, die Südfrüchte aus dem Mittelmeerraum nach Norden brachten.

Fußpferd, unter einer → Rah verlaufendes Tau, auf dem die Seeleute beim → Fest- und Losmachen des Segels stehen.

Gaffel, → Spiere, um die Oberkante des → Gaffelsegels zu befestigen. Dient auch zur Befestigung der Unterkante des → Gaffeltoppsegels.

Gaffelsegel, Längssegel, das oben an der Gaffel und unten an einem → Baum befestigt ist (Schonersegel).

Gaffeltoppsegel, ein leichtes Segel über der → Gaffel und über dem → Gaffelsegel.

Galeasse, a) schweres durch → Riemen fortbewegtes Kriegsschiff im Mittelmeerraum um 1600, b) später auch zweimastiges Küstensegelschiff.

Galeere, mit Hilfe von Riemen fortbewegtes Ruderschiff, spezielle Bezeichnung für ein Baumuster im Mittelalter.

Galeone, Segelschiff für Kriegs- und Handelszwecke mit hohen Aufbauten und 3 bis 5 Masten. Gebräuchlich vom 16. bis 18. Jahrhundert, zeigt zum ersten Mal ein → Galion.

Galeotta, venezianisches Ruderfahrzeug mit Hilfssegeln. Zweimaster.

Galerie, Begrenzung des → Achterdecks nach hinten, oft gedeckter Umgang, mit den Toiletten für Offiziere.

Galgen, aus zwei aufrechtstehenden Stützen und einem darauf liegenden Querholz bestehende Gestelle, z. B. Glockengalgen zum Aufhängen der Schiffsglocke.

Galion, Vorbau am → Bug des Schiffes, Mannschaftstoiletten.

Gulionsfigur, Bugfigur am → Galion.

Galiot, zweimastiger Küstensegler mit → Gaffelsegeln, → Rahtoppsegel und

→ Vorsegeln. Im Gegensatz zur → Galeasse von bauchiger Schiffsform.

Gallone, englisches Hohlmaß 4,54 Liter.

Gang, a) ein → Schlag beim Kreuzen, b) eine Gruppe zusammenarbeitender Leute.

Gangbord, Laufplanke vom Schiff an Land.

Gangspill, an Deck stehende Winde zum → Hieven schwerer Lasten.

Gangway, Verbindungssteg vom Schiff zum Land.

Gatt, seemännischer Ausdruck für Loch, enge Durchfahrt oder Abstellraum, Kammer, auch Hinterende des Schiffes.

gegenbrassen, gegensätzliches → Brassen der vorderen und → achteren → Rahen.

Gegenruder, die der augenblicklichen Stellung entgegengesetzte Ruderlage. Gegenruder beendet die Drehbewegung eines Schiffes.

gegißtes Besteck, Ortsbestimmung des Schiffes auf Grund des Kurses und der zurückgelegten Strecke.

gehen, in der Seemannssprache «geht» ein Schiff nach Amerika.

Geitaue, siehe aufgeien.

Geschützpforte, siehe Pforte.

Giekbaum, die untere Spiere eines → Gaffelsegels.

Giekblöcke, Blöcke zum Bewegen des Giekbaumes (Besanbaum, Rundholz unter dem Besansegel).

giepen, Umschlagen eines → Gaffelsegels von einer Schiffseite zur anderen vor dem Wind.

gieren, vom Kurs abweichen.

Gig, kleines Boot.

Gischt, Schäumen des Wassers.

glasen, Angabe der Uhrzeit durch die Schiffsglocke, und zwar halbstündlich. Acht Glasen bedeutet das Ende der vierstündigen Wachzeit.

Gordings, sie raffen das lose Segeltuch beim → Reffen zusammen.

Gösch, Bugflagge am Vordersteven, zeigt Farben oder Wappen des Heimathafens.

Göschstock, auf dem → Bugspriet angebrachter Flaggenstock.

Gräting, hölzernes Gitter, z. B. zum Abdecken von → Luken bei gutem Wetter.

grobe See, hoher Wellengang.

Großmast, siehe Mast.

Großsegel, unterstes → Rahsegel am Großmast (→ Mast), auch → Gaffelsegel bei → Schonern und Segeljachten.

Grundsee, hohe Welle, die sich über Bänken auftürmt.

Gut, Tauwerk der Takelung. Der Seemann unterscheidet zwischen dem beweglichen «laufenden Gut» und dem festen «stehenden Gut».

Hahnepoot, eine Reihe dünner Taue, die von einem gemeinsamen Ausgangspunkt sich ausspreizen.

Halbdeck, Bezeichnung für ein erhöhtes → Achterdeck.

halsen, das Schiff mit dem Heck durch den Wind drehen, → Wendemanöver.

Handpferd, siehe Pferd.

Handspake, handlicher hölzerner Hebebaum.

Hartbrot, Schiffszwieback.

Hartruder, extreme Ruderlage, normalerweise zwischen 35 und 40°.

Hauptdeck, gewöhnlich das oberste durchlaufende Deck, aber auch das Deck, bis zu dem die Schiffsvermessung durchgeführt ist, das für die Berechnung des → Freibordes maßgebend ist und bis zu dem die → Schotten reichen.

Hauptspant, → Spant im mittleren Teil des Schiffsrumpfes, wo dieser seine größte Breite hat.

Havarie, Beschädigung von Schiff und/oder Ladung.

Heck, Hinterteil des Schiffes.

heißen, Aufziehen von Segel oder Flagge.

Helgen, siehe Helling.

Helling, ein schräg zum Wasser hin abfallendes befestigtes Gelände, wo Schiffe gebaut und repariert werden.

Heuer, Lohn der Seeleute.

Heuerbaas, Anwerber, Arbeitsvermittler für Seeleute.

Hieve, Kranlast beim Laden und → Löschen der Ladung.

hieven, hochziehen, aufwinden mit einem Flaschenzug.

Hintersteven, das gerade Holz, das aufrecht am hinteren Ende des → Kiels steht und das → Steuerruder trägt.

Holk, siehe Hulk.

Hühnerhocken, Hühnerstall an Bord. Segelschiffe führten auf langen Reisen Hühner und Schlachtvieh mit sich.

Hulk, a) mittelalterliches Segelschiff in Nord- und Ostsee, Weiterentwicklung der → Kogge, oft mit drei Masten,
b) Vorrats- und Wohnschiff im Hafen.

Hütte, siehe Poop.

Jacht, ursprünglich Bezeichnung für ein kleines einmastiges Segelschiff mit → Gaffelsegel, heute für Segelschiffe verschiedener Bauart und Größe, die dem Sport und Vergnügen dienen.

Jager, kleines Stagsegel vor dem → Klüver.

Jakobsleiter, Strickleiter, die außenbords gehängt wird, um das Schiff zu verlassen oder zu besteigen.

Janmaat (holländisch), Bezeichnung für Seemann oder (Janmaaten) für die gesamte Besatzung. Maat = Seemann, Jan = Hans.

Jolle, leichtes Beiboot, auch Segelboot, Fischereifahrzeug.

Jungfernreise, erste Reise eines neuen Schiffes.

Kabbelsee, lebhafte Wellenbewegung durch Zusammenstoßen entgegengesetzter Strömungen.

Kabel, dickes Tau, z. B. Ankertrosse.

Kabelgarn, aus Hanf gesponnener Faden, von denen mehrere zusammengedreht Kardeel genannt werden. Davon drei, vier oder neun zusammengedreht ergeben eine Trosse.

Kabelgatt, Aufbewahrungsraum für Taue und anderes Bootsmannsgut.

Kabellänge, ursprünglich Länge eines Ankertaus, früher 219,45 m, jetzt 1/10 Seemeile = 185,5 m.

Kai, Hafenmauer.

Kajüte, Offizierswohnung im hinteren Teil des Schiffes.

kalfatern, mit Pech oder Werg abdichten.

Kalmengürtel, Zone flauer und unregelmäßiger Winde und Windstillen (Kalmen) beiderseits des Äquators.

Kampanje, hinterer Aufbau eines Segelschiffs.

Kaper, Kriegsschiff, das Handelsschiffen auflauert, um sie als → Prise in Besitz zu nehmen, zu versenken oder in den eigenen Hafen zu bringen.

kappen, Abschlagen von Masten, Tauen oder der gesamten → Takelage, um bei Sturm das Kentern zu verhindern.

Kardeel, siehe Kabelgarn.

Karavelle, auf der iberischen Halbinsel entwickelter Typ leichter Segelschiffe, die im Zeitalter der Entdeckungen eine große Rolle spielten. Zwei bis drei Masten, rah- oder lateinergetakelt.

Karonaden werden Schiffsgeschütze genannt, die Kugeln von besonders großem Kaliber verschießen.

Karracke, Schiffstyp um 1400, drei bis vier Masten, von denen die ersten beiden rahgetakelt, der dritte und vierte mit Lateinersegeln versehen waren.

Karweel (auch *Kraweel* oder *Krawehl*), Bauweise des hölzernen Schiffsrumpfes, bei der die → Planken Kante an Kante zusammengefügt werden und eine glatte Oberfläche bilden.

Kastell (Vorder- und Achter-), früher Schiffsaufbauten.

Katzenrücken, siehe aufstechen.

Kauffahrer, *Kauffahrteischiff*, alter Ausdruck für Handelsschiff.

kentern, seitliches Umschlagen des Schiffes.

Ketsch, Segelschiffstyp mit freiem → Vordeck und zwei Masten. Die Bombenketsch trug auf dem Vordeck zwei Mörser, speziell zur Beschießung von Küstenbefestigungen.

Ketschtakelung, → Anderthalbmast-Takelung der Küstensegler → Ketsch und Yawl. Beim Ketsch steht der kleinere hintere Mast vor dem Ruder, beim Yawl dahinter, auf dem Heck. Die Takelung wurde in den modernen Jachtbau übernommen.

Kiel, längsliegender Grundbalken des Schiffes.

Kielholen, a) ein Schiff derart überholen, daß der Schiffsboden aus dem Wasser kommt und gereinigt werden kann, b) einen Mann mit Tauen unter dem Kiel durchholen. Früher bei der Äquatortaufe und als Strafe üblich, oft mit tödlichem Ausgang.

Kiellinie (fahren), genaues Hintereinanderfahren mehrerer Schiffe.

Kielschwein, Innenbalken zur Unterstützung des → Kiels.

Kielwasser, Fahrspur hinter dem Schiff.

Kielschwert, im Gegensatz zum Seitenschwert (→ Schwert) in den → Kiel eingelassene senkrechte Platte.

Killen, Schlagen loser Segel.

Kimm, *Kimmung*, Horizont.

Klampe, Vorrichtung zur Befestigung von Tauen.

klar, fertig, in Ordnung.

klarieren, Zoll- und Hafenformalitäten erledigen.

Kliff, Steilufer.

Klinker, Bauweise für den Rumpf von Holzschiffen, wobei die Planken dachziegelartig angeordnet werden.

Klipper, seetüchtiges schnelles Segelschiff im 19. Jahrhundert mit scharfen

Linien und großer Segelfläche. Ursprünglich amerikanische, ab Mitte des Jh.s auch englische Konstruktionen, speziell zum Transport von Tee und Weizen.

Klüse, Klüsgatt, Öffnung im Bug für die Ankerkette.

Klüver, dreieckiges Segel am → Klüverbaum. Werden zwei Klüver gefahren, so wird der vordere als Außenklüver, der zweite als Binnenklüver bezeichnet.

Klüverbaum, Verlängerung des → Bugspriets zur Befestigung des → Klüver.

Knorre, Lastschiff der Wikinger.

Knoten, Schiffsgeschwindigkeit, eine Seemeile (1852 m) pro Stunde

knüppeln, hartes Segeln unter äußerster Beanspruchung von Masten und Segeln.

Kogge, einmastiges Segelschiff im Mittelalter, in Ost- und Nordsee zu Hause.

Koje, eingebaute Schlafstelle.

Kolderstock, Steuervorrichtung, auf die → Ruderpinne senkrecht aufgesetzt.

Kollision, Zusammenstoß eines Schiffes mit einem anderen oder einem anderen festen Gegenstand.

Kombüse, Küche, meist im Deckshaus.

Konvoi, von Kriegsschiffen gedeckte Gruppe von Handelsschiffen.

kopflastig ist ein Schiff, das durch mangelhaftes → Trimmen mit dem → Bug tiefer liegt als mit dem → Heck.

Korsar, ursprünglich Bezeichnung für ein nordafrikanisches Raubschiff, dann ganz allgemein Pirat.

Korvette, kleineres Kriegsschiff für Aufklärung und Konvoischutz.

Krähennest, Beobachtungsstand in halber Höhe des Fockmastes (vorderster Mast).

Kraweel (Krawehl), siehe Karweel.

krengen, schräg liegen.

kreuzen, Zick-Zack-Segeln gegen den Wind, auch «in Schlägen» fahren.

Kreuzmast, siehe Mast.

Kreuzsegel, unterstes Segel am Kreuzmast (→ Mast).

Kühlte, mit diesem Begriff bezeichnete man in der Seemannssprache die Stärke des Windes: Kleine oder schlaffe Kühlte, frische Kühlte und steife Kühlte.

Kutter, schnelles hochseetüchtiges Fischereifahrzeug, auch von Lotsen benutzt.

Ladeluke, siehe Luke.

Ladepforten, Unterbrechungen im → Schanzkleid und Tore in der Außenhaut zum bequemen Einfahren der Ladung.

Landgang, siehe Gangway.

Landmarke, vom Meer gut sichtbarer und erkennbarer Punkt, z. B. ein Kap, Leuchtturm oder Kirchturm, der für Navigationspeilungen benutzt wird.

Länge eines Schiffes wird «zwischen den Loten» (Wasserlinie) und «über alles» gemessen.

Langschiff, Kriegsschiff der Wikinger.

längsseits, außenbords parallel zum → Kiel.

laschen, verstärken einer gesprungenen → Spiere.

Lateinsegel, südliche Segelform, dreieckiges Segel an schräger → Rah.

laufen, in der Seemannssprache «läuft» ein Schiff, dabei «fährt» es Güter, Passagiere, die Besegelung usw.

laufendes Gut, siehe Gut.

Laufplanken verbanden auf Segelschiffen mit nicht durchgehendem oberen Deck das Vorderdeck (Schanze) mit dem hinteren (Back).

Leck, Loch oder sonstige Beschädigung eines Schiffes, durch die Wasser eindringen kann.

leck springen, undicht werden des Schiffskörpers.

Lee, die dem Wind abgewandte Schiffsseite (→ unter Lee).

Leesegel, leichte Segel, die außerhalb der → Rahsegel nur bei gutem Wetter an → Spieren gesetzt werden.

Leichter, kleinerer Kahn, mit dessen Hilfe ein Schiff «geleichtert» (d. h. entladen) wird.

leichtern, teilweises → Löschen der Ladung bei einem auf Grund geratenen Schiff oder vor der Hafeneinfahrt bei zu niedrigem → Fahrwasser.

Leichtmatrose, → Matrose in der letzten Zeit seiner Berufsausbildung.

Leichtwettersegel, a) Segel, die nur bei schönem (leichtem) Wetter gesetzt werden, z. B. Toppsegel, b) Segel aus leichterem oder älterem Segeltuch, die in Zonen beständigen guten Wetters gesetzt werden.

lenzen, a) Treiben eines Schiffes vor dem Sturm mit geringer oder ohne Segelfläche,
b) eingedrungenes Wasser hinauspumpen (Lenzpumpe).

liegen, in der Seemannssprache «liegt» ein Schiff im Hafen.

Liek, Tau in den eingeschlagenen Kanten eines Segels.

Linie, Ausdruck für den Äquator.

Linienschiff, größeres, in der Schlachtlinie kämpfendes Kriegsschiff.

Löschbord, früher bei Segelschiffen mit Fett beschmierte Hölzer, die den Schiffsrumpf beim Aussetzen von Booten oder der Übernahme von Frachten vor Beschädigungen schützen sollten.

Log, Vorrichtung zur Messung der Schiffsgeschwindigkeit.

Logbuch, siehe Schiffstagebuch.

Logger, kleineres Küstenfahrzeug.

Loggersegel (Luggersegel), in Booten und kleinen Schiffen gebräuchliches Segel. Es ist an einem schräg am Mast hängenden, aufziehbaren → Baum befestigt.

Logis, Unterkunfts-(Schlaf-)raum der Mannschaft.

Lot (Senkblei), Gerät zur Tiefenmessung, darüber hinaus zur Einholung von Bodenproben, die der Tiefenbestimmung dienen.

Lotse, nautischer Beirat der Schiffsführung in bestimmten Gewässern.

Lotsenflagge, Signalflagge, um einen Lotsen herbeizurufen.

Lugger, kleineres französisches Segelschiff mit drei Masten.

Luggersegel, siehe Loggersegel.

Luken, Öffnungen im Deck, z. B. zum Einbringen der Ladung.

Luv, die dem Wind zugewandte Schiffsseite.

Maat, a) Seemann, b) Unteroffizier, also Bootsmannsmaat, Zimmermannsmaat u. a.

Manntau, wird über Bord gehängt, um daran an oder von Bord zu klettern.

marlen, annähen des Segels mit Hilfe einer dünnen Leine, die Marlleine genannt wird.

Marlpfriem, *Marlspieker*, Pfriem, Handwerksgerät zum Spleißen von Tauwerk und zum → Marlen.

Mars (-sahling) Plattform auf dem Kopf eines Untermastes. Ausguck.

Marsrah, → Rah, die das → Marssegel hält.

Marssegel, zweites → Rahsegel, von unten gezählt. Je nach dem → Mast, der es trägt, Vormarssegel (Fockmast), Großmarssegel (Großmast), Kreuzmarssegel (Kreuzmast). Bei doppelten Marssegeln ist das Untermarssegel das zweite, das Obermarssegel das dritte von unten.

Marsstenge, siehe Stenge.

Mast, senkrechtes oder etwas nach › achtern geneigtes Rundholz oder Stahlrohr, zum Anbringen der → Rahen und → Gaffeln. Die Masten heißen bei einem Fünfmast-Vollschiff von vorn nach hinten Fock-, Groß-, Mittel-, Achter- und Kreuzmast, bei dreimastigen Fock-, Groß- und Kreuzmast (→ vor dem Mast). Für die einzelnen Teile siehe Stenge.

Mastknecht, senkrecht im Deck, z. B. neben einem Mast, befestigter starker Pfosten mit Scheibgats zum Durchscheren von laufenden Enden, die auf Deck entlang geholt werden.

Mastspur, Höhlung im Kiel zur Aufnahme des Mastfußes.

Matrose, ausgebildeter Seemann, nachdem er Schiffsjunge, Jungmann und Leichtmatrose gewesen ist; kann zum Bootsmann (Unteroffizier) aufsteigen, nach Besuch einer Seefahrtsschule auch zum Steuermann (Offizier) und zum Kapitän.

Meile, altes Längenmaß verschiedenster Bedeutung, auf See → Seemeile.

Messe, Eß- und Wohnraum (Mannschaftsmesse, Offiziersmesse).

mitlaufende See, s. nachlaufende See

mittschiffs, an der breitesten Stelle des Schiffes.

Mole, schützender Damm vor einem Hafen oder einer Hafeneinfahrt.

Mondsegel (Mondgucker), zusätzliches Segel oberhalb des → Skysegels.

Monsune, regelmäßige mit den Jahreszeiten wechselnde Winde.

Moses, jüngster Schiffsjunge (→ Matrose.

nachlaufende See, Wellengang in Fahrtrichtung des Schiffes (auch mitlaufende See).

Nagel (Belegnagel, Coffeynagel), Bolzen, in der → Nagelbank angebracht, zum → Belegen von Leinen.

Nagelbank, waagerechte Planken an den Unterwanten oder am Mast (→ Mastknecht), enthält → Nägel.

Nähte, Zwischenraum zwischen den Planken an Deck und außenbords.

Não (portugiesisch = Schiff), Bezeichnung für größere, meist dreimastige Schiffe im Zeitalter der Entdeckungen.

Nautik, Schiffahrtskunde.

Nautiker, → Offizier, Inhaber nautischer Patente.

Navigation, Orts- und Kursbestimmung auf See.

Niedergang, Treppe vom Deck abwärts, z. B. zur Kajüte.

Nock, äußerstes Ende einer → Rah. Brückennock seitliches Ende der → Brücke.

Oberblinde, Rahsegel an einem kleinen Mast auf dem vorderen Ende des → Bugspriets. Vor Einführung des → Klüvers.

Oberdeck, oberstes durchlaufendes Deck.

Obersegel, → Bramsegel und die darüber befindlichen Rahsegel.

Offizier, Schiffsoffiziere sind Inhaber nautischer Patente, früher Steuerleute genannt, Schiffsarzt, Zahlmeister, Proviantmeister.

Paketboot, alte Bezeichnung für ein Schiff, das u. a. auch Post beförderte.

Pantry, Anrichte.

Papageienmast, siehe Besanmast.

Papageiensegel, andere Bezeichnung für → Besansegel.

Pardunen, Taue, die die → Masten schräg nach → achtern abstützen.

Passat, regelmäßig wehender Wind in ostwestlicher Richtung beiderseits des Äquators bis etwa 30° Nord- und Südbreite. Nordost- und Südostpassat.

Peerd, siehe Pferd.

Pentretere, griechisches Ruderschiff mit fünf Reihen von Ruderern.

Persenning, schweres Segeltuch zum wasserdichten Verschließen von Luken, Oberlichtern, Booten u. ä.

Pfahlmast, aus einem Stück bestehender → Mast.

Pferd, Tau unter einer Rah zur Sicherung der arbeitenden Mannschaft. Neben dem → Fußpferd gibt es auch das Handpferd.

Pforte, verschließbare Öffnung in der Seitenwand eines Schiffes für Riemen, Geschütze u. a.

Piek, seemännischer Ausdruck für Spitze, Ecke. Vorpiek und Achterpiek sind verschließbare Räume ganz vorn und ganz achtern im Schiff.

Pier, Bollwerk zum Anlegen von Schiffen.

Pinaß, → plattgattiges holländisches Segelschiff im 17. Jahrhundert, dreimastig wie die → Fleute.

Pinasse, Beiboot, meist von Kriegsschiffen.

Pinke, aus der niederländischen → Fleute herzuleitendes dreimastiges Segelschiff, bauchig mit eingezogenen Oberplanken.

Pinne, siehe Ruderpinne.

Planken, längslaufende Hölzer, die die wasserdichte Außenhaut und die Decks des Schiffsrumpfes bilden.

Plattgatt, siehe Spiegelheck.

Polka-Bark, siehe Dreimastrahschoner.

Poller, Pfosten aus Holz oder Stahl zum Befestigen des Tauwerks.

Poop, Hütte, hinterer → Aufbau eines Schiffes.

Position, Standort des Schiffes.

Prahm, kastenförmiger Kahn, als Transport- und Arbeitsboot.

preien, Rufen von Schiff zu Schiff oder zum Land.

pressen, zuviel Segelführung im Verhältnis zur Windstärke.

Pricker, dünner → Marlspieker.

Prise, von einem kriegführenden Staat genommenes (gekapertes) feindliches oder neutrales Schiff oder dessen Ladung.

pullen, ein Boot mit → Riemen fortbewegen.

Pupp, siehe Poop.

purren, wecken.

Pütz, Eimer.

Quarterdeck, erhöhtes Oberdeck hinter dem Großmast.

Quartermeister, Vollmatrose, der als → Ruder- oder Signalgast eingesetzt ist.

Quartier, Unterkunfts-(Schlaf-)räume der Mannschaft.

Rah, Rundholz, das nach außen schlanker wird. Es ist am Mast aufgehängt, um daran → Rahsegel anzubringen.

Rahnock, siehe Nock.

Rahsegel, an den → Rahen angebrachte querschiffs stehende Segel, die durch → Brassen entsprechend der Windrichtung «gebraßt» werden. Zeichnung Vollschiff.

Rahtoppsegel, ein über einem → Gaffelsegel als → Toppsegel gesetztes → Rahsegel.

Rammsteven, besonders starke und vorgewölbte Bauart des → Vorderstevens auf Kriegsschiffen, von der Antike bis in die Neuzeit.

rank, ein Schiff ist rank, wenn sein Schwerpunkt zu hoch liegt. Es legt sich demzufolge leicht zur Seite.

raumen des Windes besagt, daß er mehr nach → achtern dreht.

Raumwind, günstiger Wind von achtern im weitesten Sinne.

Ree!, Segelkommando zu Beginn eines Wendemanövers, zusammengezogen aus: Ruder in Lee.

Reede, Ankerplatz außerhalb des Hafens.

Reeder, Besitzer von Handelsschiffen, betreibt eine Reederei. Korrespondenzreeder führen die Geschäfte für den Schiffsbesitzer.

Reep, Tau, Seil.

Reff, Fläche des Segels zwischen der Oberkante und einem Reffband oder zwischen zwei Reffbändern.

reffen, Verkleinern des Segels durch Zusammenbinden des Segeltuchs.

Regatta, Rennen, zwischen Schiffen ausgetragen.

reiten, siehe abreiten.

Reling (Reeling), Geländer um das Schiffsdeck, Brüstung.

Riemen, Ruder zur Fortbewegung von Booten.

Riemendolle, siehe Dolle.

Rigg, → Takelung oder Art der Takelung.

Riff, Untiefe, die mit der Küste zusammenhängt.

Rippen, siehe Spanten.

rojen, siehe pullen.

rollen, Bewegung eines Schiffes infolge Seegang nach beiden Schiffsseiten, also um die Längsachse.

Roof, Dechshaus.

Royalrah, → Rah, an der das → Royalsegel befestigt ist.

Royalsegel, leichteres → Rahsegel, viertes von unten. Je nach dem Mast, der es trägt, Vorroyal (Fockmast), Großroyal (Großmast), Kreuzroyal (Kreuzmast). Sind Mars- und Bramsegel geteilt, so wird das Royalsegel fünftes bzw. sechstes Segel von unten.

Royalstenge, → Stenge über Untermast. Marsstenge und Bramstenge.

Ruder, Vorrichtung zum Steuern des Schiffes; auch → Riemen.

Ruderbank, querschiffs stehende Bank für einen oder mehrere → Rudergäste.

Rudergänger, der Matrose, dem die Ruderwache zugeteilt wurde, der also eine → Wache lang das → Ruder zu bedienen hat, mit dem das Schiff gesteuert wird.

Rudergasten, siehe Rudergänger.

Ruderpinne, Knüppel zur Betätigung des → Ruders auf kleineren und älteren Schiffen.

Ruderwache, siehe Rudergänger.

sacken, siehe absacken.

Sahling, Holzkonstruktion, die zwei Teile des Mastes miteinander verbindet und gleichzeitig eine kleine Plattform bildet, z. B. Bramsahling verbindet → Marsstenge und → Bramstenge.

Sampan, kleines chinesisches Ruderboot, auch Beiboot auf → Dschunken.

Schaluppe, großes Boot, mit einem Mast.

Schaluppmeister, siehe Bootsmann.

schamfilen, Reiben oder Scheuern, besonders von Tauen und Segeln.

schangheien, einen Seemann durch Gewalt auf ein Schiff bringen und zum Dienst verpflichten.

Schanzkleid, Brüstung oberhalb des Decks.

Schanze, bei Kriegsschiffen des 19. Jahrhunderts der vordere Teil des nicht durchgehenden obersten Decks.

scharf (gebaut) ist bzw. scharfe Linien hat ein Schiff, das vorn und hinten und unten längs dem → Kiel schmal gehalten ist, also tief eintaucht und so besser vor dem Wind segelt als plattgebaute Schiffe.

Scheibe, drehbar innerhalb eines → Blockes angebracht, führt ein durchlaufendes Tau.

Scheibgat, das Loch in einem → Block, einer → Stenge, → Rah oder → Gaffel, in welches eine Scheibe für ein Tau oder eine Kette gesetzt wird.

Scherlatte, Brett mit Löchern, die das → laufende Gut leiten, um ein Durchscheuern (schamfilen) zu vermeiden.

Scheuerleiste, um das Schiff laufende halbrunde Schiene zum Schutz gegen Beschädigungen an Kaimauern u. a.

Schiffer, Kapitän.

Schiffsback, eine Gruppe von 6 bis 7 Seeleuten, Seesoldaten oder Unteroffizieren, die zusammen essen.

Schiffsjunge, angehender → Matrose im ersten Jahr seiner Ausbildung.

Schiffsraum, Laderaum.

Schiffsregister, amtliches Verzeichnis, das alle Schiffe führt, die die jeweilige Nationalitätsflagge führen dürfen.

Schiffstagebuch (Journal), muß der Kapitän mit Aufzeichnungen über Wind, Wetter, Kurs, zurückgelegte Strecke und besondere Ereignisse führen.

Schlag, gerade Strecke beim → Kreuzen zwischen zwei Wendungen.

Schlagseite, Neigung des Schiffes.

Schlingerbord, Schutzleiste an der Kante von Tischen, die beim «schlingern» des Schiffes das Herabfallen von Gegenständen verhindert, besser Schlingerleiste genannt.

Schlitten, ein Gestell zwischen → Helling und Schiff, das mit dem Schiff ins Wasser abläuft.

schlingern, durch Wellengang verursachte Schiffsbewegungen.

Schmack, anderthalbmastiges flach und rund gebautes kleines Segelschiff der Holländer, Dänen und Schweden. → Gaffelsegel, → Vorsegel, zusätzliche → Rahsegel. → Besan auf dem → Heck plaziert.

Schnau, Segelschiffstyp, trägt hinter den zwei eigentlichen mit → Rahsegeln getakelten Masten jeweils einen Schnaumast mit einem → Gaffelsegel.

Schoner, mit → Gaffelsegeln getakeltes mehrmastiges hochseetüchtiges Schiff.

Schoner

Schonerbark

Schonerbrigg

Schonerbark, führt am → Fockmast → Rahsegel, am → Großmast und → Besanmast → Schratsegel. Im 19. Jh. mit Ausnahme Englands in Europa meistens Dreimastschoner genannt.

Schonerbrigg, Zweimastsegler, der am vorderen Mast → Rahsegel, am hinteren → Schratsegel führt.

Schot, am → Schothorn angreifende Leine zum Bedienen des Segels.

Schothorn, untere Ecke eines → Rahsegels oder hintere untere Ecke eines → Gaffelsegels, wo das → Aufgeien beginnt.

Schott, Längs- und Querschotten, feste wasserdichte Trennwand im Schiffsrumpf.

schralen, ungünstige Winddrehung, so daß er mehr von vorn einkommt.

Schratsegel, in Längsrichtung des Schiffes stehendes Segel, das mit der Vorderkante am Mast befestigt ist, dessen Hinterende durch ein → Schot festgelegt wird. Schratsegel sind → Gaffelsegel, → Gaffeltoppsegel, → Sprietsegel und → Stagsegel.

Schwert, Vorrichtung zur Verminderung der seitlichen → Abdrift von Seglern bei dem Wind; zum Herunterlassen für den Gebrauch und Aufholen bei Nichtgebrauch eingerichtete starke, häufig eiserne ovale Tafel.

Schute, flaches kastenförmiges Wasserfahrzeug ohne eigenen Antrieb, nur für den Betrieb im Hafen.

schwolen, Drehen des vor Anker liegenden Schiffes entsprechend der → Tide oder durch Windeinwirkung.

Seegang ist die Oberflächenbewegung des Wassers und wird wie die Windstärke nach einer Skala von 1 bis 7 gemessen oder geschätzt.

Seemeile (sm), auf See übliches Längenmaß, 1852 m.

Seepocken, festsitzende niedere Krebstiere, oft am Schiffsboden.

Sextant, Präzisionsinstrument zum Messen von Winkeln bei der Ortsbestimmung.

shanghaien, siehe schangheien.

Shanty, Arbeitslied der Seeleute.

Signale, Zeichen, die Befehle, Warnungen und Nachrichten übermitteln. Früher durch Kanonenschüsse, aufgesteckte Flaggen, Laternen, → Blickfeuer oder Abbrennen von Raketen, später durch Winken mit Flaggen.

Skapho, einmastiger griechischer Küstensegler mit → Sprietsegel.

Skipper, Kapitän eines Schiffes.

Skysegel, leichtes Segel über dem → Royalsegel.

Slip, schräge Gleitbahn auf Werften.

Sloop, kleineres Segelschiff mit ein bis zwei Masten für Küsten- und Binnenschiffahrt. Takelage wie → Kutter.

Skylight, Oberlicht, um Räume des Schiffes von oben zu erhellen.

Sonnensegel, über das Deck gespannte Plane, um auch in tropischen → Breiten Schatten zu geben.

Spanten, quer und längs laufende Versteifungen des Rumpfes.

Speigatten, Löcher im → Schanzkleid zum Ablaufen des Wassers.

Speronara, maltesisches einmastiges Segelschiff, → Lateinersegel.

Spiegel (Spiegelheck), quer zum Schiff stehende, das → Heck begrenzende Platte.

Spiere, Rundholz.

Spill, Winde mit senkrechter Achse.

Spinnaker, leichtes Vorwindsegel auf Jachten, → Beisegel.

Spitzsegel, dreieckiges Hochsegel auf Jachten.

Sprietsegel, durch ein Rundholz gespreiztes → Schratsegel.

Springflut (Springtide), besonders hohe Gezeiten bei Neumond und Vollmond.

Sprung, die Wölbung des Decks.

Stabilität, siehe Steifheit.

Stag, Tau oder Trosse zur Abstützung der Masten in Mittschiffsrichtung, oft zum nächsten Mast führend. Nach hinten führende werden Backstagen genannt. Nach vorn führende Stagen (→ Vorstag) tragen die Stagsegel.

stagen, Ausrichten des Mastes mit Hilfe der → Stagen.

Stagfock, Bezeichnung für das erste vor dem Mast stehende → Vorsegel auf kleineren Segelschiffen (→ Stagsegel).

Stagsegel, siehe Stag. Die Segel haben den Namen des Mastes, vor dem sie stehen, ausgenommen die vor dem Fockmast. Das Großstagsegel ist also das Stagsegel vor dem Großmast. Die Stagsegel vor dem Fockmast heißen von innen nach außen: Vorstengenstagsegel, Innenklüver, Klüver, Außenklüver.

staken, Fortbewegen von kleineren Schiffen durch Abstoßen vom Grund durch eine Stange.

stampfen, Bewegung eines Schiffes infolge Seegang nach vorn und achtern, also um die Querachse.

Stapellauf, Zuwasserlassen eines Schiffskörpers nach dem Bau auf → Hellingen.

stauen, die Ladung sachgemäß packen.

stehendes Gut, siehe Gut.

Steifheit, Steife, auch *Stabilität* die Kraft, mit der ein Schiff bei Seitenwind danach strebt, seine waagerechte Lage beizubehalten.

Stenge, Spiere zur Verlängerung und Unterteilung eines Mastes; in der Reihenfolge von Deck aus also Untermast, Marsstenge, Bramstenge, Royalstenge.

Steuer, Steuerruder, am → Hintersteven des Schiffes befestigte Platte, durch deren Schwenken das Schiff seine Fahrtrichtung verändert. → Ruder.

Steuerbord, rechte Seite des Schiffes.

steuerlastig, siehe achterlastig.

Steuermann, siehe Offizier.

Steuerrad, hat die → Ruderpinne weitgehend verdrängt.

Steuertalje, Flaschenzug, der bei großer Belastung die allgemein mit der Hand gehaltene → Ruderpinne bedient.

Steven, Balken, die Bug und Heck des Schiffs begrenzen.

Steward (engl.), Betreuer und Kellner auf Seeschiffen.

stranden, vor der Küste auf Grund laufen.

Strandvogt, Beamter, dem früher die Leitung aller Hilfs- und Bergungsmaßnahmen bei Seenot oblag.

Strecktaue, a) Leinen, die bei schwerer See über das Deck gezogen werden, um der Mannschaft bei der Arbeit auf Deck Halt zu geben, b) durch Drehen gespanntes Tau vom Bug zum Heck eines Schiffes, um dessen Durchhängen zu vermeiden und die Festigkeit des Rumpfes zu erhöhen. Bei altägyptischen Booten, später wieder bei den Mississippi-Dampfern.

streichen, a) → Segel und Flaggen herunternehmen, b) Senkrechthalten des → Blattes eines → Riemens im Wasser, um ein Ruderboot abzustoppen.

Strich, der 32. Teil des Kompaßkreises gleich 11 1/4°.

Sturmsegel, Segel, die beim Sturm stehengelassen werden, in erster Linie das Untermarssegel (zweitunterste Segel bei Rahtakelung).

stützen, → Gegenruder geben.

Süll, hohe Türschwelle und Schwelle an → Niedergängen, Einfassung von Luken, um bei übergehenden Brechern das Wasser abzuweisen.

Takel, schwere Talje.

Talje, Teil der → Takelung, besteht aus einer Leine und einem oder mehreren → Blöcken, Flaschenzug.

Takelung, Gesamtheit des laufenden und stehenden → Guts.

Tamp, Ende eines Taus.

Tartane, ein- bis zweimastiges mittelmeerisches Segelboot, → Lateinsegel, mit oft mehreren → Stagsegeln.

Tetrere, griechisches Ruderschiff mit vier Reihen von Ruderern.

Tide, Flut, Gezeitenhub (die Tide kentert = Einsetzen der Ebbe).

Tjalk, kleineres Segelfrachtfahrzeug der Nordsee. Kennzeichen sind ein bauchiger Schiffsrumpf, der flache Boden, die Seitenschwerter und ein Mast mit kurzer Gaffel.

Topp, Spitze, Mastspitze.

Toppgasten, in den → Toppen beschäftigte Seeleute. Die Arbeit in den Toppen, die nicht von Deck aus überwacht werden kann, bedeutet eine Vertrauensstellung für die qualifiziertesten Matrosen. Toppmänner demzufolge auch für Matrosen, die man ohne Bedenken in den Toppen beschäftigen kann.

Topp und Takel, die Spieren ohne jedes Segel. Vor Topp und Takel treiben heißt, jedes Segel → beschlagen oder einnehmen, also mit Masten und Tauwerk vor dem Sturm treiben.

Toppsegelschoner, → Schoner mit Vormarssegel, häufig auch Vorbramsegel und → Royal.

Track, vielbefahrene Seestraße zwischen zwei Häfen.

Treibanker, ein Sack aus Segeltuch, wird bei schwerem Wetter ausgeworfen, um die → Abdrift herabzusetzen und den Bug des Schiffes gegen den Wind zu halten.

treideln, ein Flußschiff vom Ufer her ziehen.

trimmen, Verteilung des Ballastes bzw. der Ladung. Ein Schiff kann kopf- oder hecklastig getrimmt werden, was seine Lage im Wasser und seine Steuerfähigkeit stark beeinflußt.

Trireme, antikes Ruderschiff mit drei Ruderreihen.

Trosse, siehe Leine, siehe Kabelgarn.

über die Toppen flaggen, bei festlichen Anlässen: Aneinanderreihen sämtlicher Signalflaggen.

übergehen, Verrutschen der Ladung, wodurch die Stabilität gefährdet wird.

überholen, a) seitliche Neigung eines Schiffes, b) das Schiff gründlich instandsetzen.

über Stag gehen, wenden.

umlaufende Winde, in ihrer Richtung unbeständige stark wechselnde Winde, besonders bei gutem Wetter.

unter Lee, Standort eines Schiffes im Windschatten, z. B. einer Insel.

Unteroffiziere, Bootsmann, Schiffszimmermann und Segelmacher. Sie wohnten mit der Mannschaft zusammen in der → Back (vor dem Mast) oder in einem Deckshaus.

Unterrah, → Rah, die das → Untersegel hält.

Untersegel, unterstes → Rahsegel. Je nach dem → Mast, der es trägt Voruntersegel oder → Fock (Fockmast), Großuntersegel oder → Großsegel (Großmast), → Bagiensegel (Kreuzmast).

Untersteuermann, siehe Unteroffizier.

verholen, an einen anderen Liegeplatz bringen.

verpichen, kalfatern.

verschalken, eine → Luke mit Segeltuchstücken (Persenning) und Schalklatten wasserdicht verschließen.

Verschanzung, siehe Schanzkleid.

vertäuen, das Schiff vorn und → achtern an Land oder an Bojen festmachen.

vierkant brassen, die → Rahen so einstellen, daß sie genau senkrecht zum Kiel stehen.

vollgetakelt, mit einer Takelung aus → Rahsegeln.

Vollschiff

Vollschiff, Segelschiff mit Rahsegeln; drei, vier oder fünf Masten.

Vordeck, vorderer Teil des Decks.

vor dem Mast, Teil des Schiffes, in dem die Unterkunft der Mannschaft liegt (→ Vorderkastell).

vor dem Wind, mit Wind von → achtern laufen.

Vorderdecks-Offiziere, siehe Unteroffiziere.

Vorderkastell, Mannschaftsunterkünfte vorne.

Vordersteven, *Vorsteven*, siehe Steven.

Vorgaffelsegel, → Gaffelsegel am → Schnaumast hinter dem → Fockmast einer → Bark.

Vormast, Bezeichnung für den Fockmast (→ Mast).

Vorschiff, vorderer Teil des Schiffes.

Vorsegel, alle Segel, die vor dem Fockmast (→ Mast) liegen.

Vorstag, siehe Stag.

Wache, vierstündige Arbeitszeit der Schiffsbesatzung.

Walboot, seetüchtiges Ruderboot.

Wanten, Taue zur seitlichen Abstützung der Masten; sind bei Segelschiffen durch eingebundene Webleinen zu Strickleitern zusammengefaßt.

warpen, Fortbewegung eines Schiffes, in dem der Warpanker von einem Boot in einiger Entfernung geslippt wird und das Schiff die Warpleine mit dem → Ankerspill aufhievt.

warschauen, vor Gefahr warnen («Warschau!» = «Vorsicht!»).

Wasserpforte, größere Abflußöffnung im → Schanzkleid, mit Schutzgitter und evtl. nach außen beweglichen Klappen.

Wassersegel, Segel unter der Backspiere.

Watt, Meeresteile, die bei Ebbe trokkenliegen.

Webeleinen, siehe Wanten.

Wendemanöver, eines Segelschiffes werden als Halsen bezeichnet, wenn das → Heck, als Wenden, wenn der → Bug durch den Wind gedreht wird.

Wrack, durch Unfall oder Alter unbrauchbar gewordenes Schiff.

wriggen, Fortbewegung eines Bootes mit Hilfe eines Riemens. Dieser wird über das Heck in quergerichtete Bewegungen gesetzt.

Wurfleine, leichte Leine, die mit einem Sandsack oder Knoten beschwert an Land oder auf ein anderes Schiff geworfen wird, um damit ein stärkeres Tau herüberzuziehen.

Zeising, kurze Leine oder Bändsel, dient zum → Beschlagen von Segeln.

zurren, binden, zusammenbinden.

Zweibeinmast, aus zwei oben zusammenlaufenden Hölzern bestehend.

Zwölfhauer, ein Boot, bei dem zwölf Mann an den Riemen sitzen.